Carsten Wilke

Rechtsprechung Mietrecht

- Praxisrelevante Entscheidungen des Bundesgerichtshofs für Vermieter und Mieter

Impressum

Bibliografische Information der Deutschen Nationalbibliothek
Die Deutsche Nationalbibliothek verzeichnet diese Publikation in der Deutschen Nationalbibliographie; detaillierte bibliografische Daten sind im Internet über http://dnb.d-nb.de abrufbar.

Herstellung und Verlag: Books on Demand GmbH, Norderstedt
Bildnachweis: Foto auf Umschlag: Thorben Wengert / pixelio.de
Autor:
Carsten Wilke
Rechtsanwalt und Fachanwalt für Miet- und Wohnungseigentumsrecht
Anwaltskanzlei Wilke & Coll.
Klettenbergstr. 13
60322 Frankfurt am Main
Tel. 069 / 915099-20
Fax 069 / 915099-29
E-Mail: Mail@WilkeundColl.de
Internet: www.WilkeundColl.de
Frankfurt – Wiesbaden – Mainz – Darmstadt

Printed in Germany

ISBN 9783839182598

Vorwort

Für jeden Vermieter von Immobilien, sei es als privater Vermieter oder als professionelles Immobilienunternehmen, ist die Kenntnis aktueller höchstrichterlicher Rechtsprechung von größter Bedeutung.

Zum einen ergeben sich hieraus oftmals Verbesserungen der eigenen Rechtslage, welche man kennen muss, um sie zu nutzen, zum anderen hilft einem die Kenntnis bei der fundierten Argumentation bei Auseinandersetzungen mit den Mietern.

Gleiches gilt für Mieter, welche ihre Rechte kennen sollten, um sich nicht z. B. von professionellen Vermietern übervorteilen zu lassen.

Hier setzt dieses Fachbuch an. Sowohl dem Mieter, als auch dem Vermieter soll in komprimierter Form das nötige Wissen über die aktuelle Rechtsprechung vermittelt werden.

Hierbei hilft das Buch durch praxisorientierte Darstellung der jeweiligen Inhalte, zahlreiche Beispiele, Praxistipps und Darstellung wesentlicher Gesetzesnormen.

Die in diesem Buch zitierten Entscheidungen können im Volltext im Internet auf der offiziellen Homepage des Bundesgerichtshofs unter

www.Bundesgerichtshof.de

abgerufen werden.

Frankfurt am Main im Juni 2010

Abkürzungsverzeichnis

a. A.	anderer Ansicht
a. a. O.	am angegebenen Ort
a. F.	alte(r) Fassung
abl.	ablehnend
Abs.	Absatz
Abschn.	Abschnitt
AG	Amtsgericht
AGBG	Gesetz zur Regelung des Rechts der Allgemeinen Geschäftsbedingungen (AGB-Gesetz)
Alt.	Alternative
Anh.	Anhang
Anl.	Anlage
Anm.	Anmerkung
Art.	Artikel
BayObLG	Bayerisches Oberstes Landesgericht
BayObLGZ	Entscheidungen des Bayerischen Obersten Landesgerichts in Zivilsachen
Bek.	Bekanntmachung
betr.	betreffend
BetrkV	Verordnung über die Aufstellung von Betriebskosten (Betriebskostenverordnung - BetrkV)
BFH	Bundesfinanzhof

BGB	Bürgerliches Gesetzbuch
BGBl.	Bundesgesetzblatt
BGH	Bundesgerichtshof
BGHZ	Entscheidung des Bundesgerichtshofs in Zivilsachen
Buchst.	Buchstabe
II. BV	Verordnung über wohnungswirtschaftliche Berechnungen (Zweite Berechnungsverordnung - II. BV)
BVerfG	Bundesverfassungsgericht
BVerfGE	Entscheidungen des Bundesverfassungsgerichts
BVerwG	Bundesverwaltungsgericht
BVerwGE	Entscheidungen des Bundesverwaltungsgerichts
bzw.	beziehungsweise
ca.	circa
d. h.	das heißt
dass.	dasselbe
ders.	derselbe
DIN	Deutsche Industrienorm
DWW	Deutsche Wohnungswirtschaft
EGBGB	Einführungsgesetz zum Bürgerlichen Gesetzbuch
EichG	Gesetz über das Mess- und Eichwesen
EnEG	Gesetz zur Einsparung von Energie in Gebäuden (Energieeinsparungsgesetz)
EnEV	Verordnung über energiesparenden Wärmeschutz und energiesparende Anlagetechnik bei Gebäuden

(Energieeinsparverordnung – EnEV)

ErbbauVO	Verordnung über das Erbbaurecht
Erl.	Erläuterung
EStG	Einkommensteuergesetz
f. (ff.)	folgend(e)
FGG	Gesetz über die Angelegenheiten der freiwilligen Gerichtsbarkeit
Fn.	Fußnote
GE	Das Grundeigentum. Zeitschrift für die gesamte Grundstücks-, Haus- und Wohnungswirtschaft
GenG	Gesetz betreffend die Erwerbs- und Wirtschaftsgenossenschaften
GewO	Gewerbeordnung
GG	Grundgesetz für die Bundesrepublik Deutschland
ggf.	gegebenenfalls
GKG	Gerichtskostengesetz
GmbH	Gesellschaft mit beschränkter Haftung
GmbHG	Gesetz betreffend die Gesellschaften mit beschränkter Haftung
GVG	Gerichtsverfassungsgesetz
h. M.	herrschende Meinung
Halbs.	Halbsatz
HeizkV	Verordnung über die verbrauchsabhängige Abrechnung der Heiz- und Warmwasserkosten (Verordnung über die Heizkostenabrechnung)
HGB	Handelsgesetzbuch

HKA	Die Heizkostenabrechnung
i. V. m.	In Verbindung mit
i. d. F.	in der Fassung
i. d. R.	in der Regel
InsO	Insolvenzordnung
KG	Kammergericht
L	Leitsatz
LG	Landgericht
m.	mit
m. E.	meines Erachtens
m. w. N.	mit weiteren Nachweisen
MDR	Monatsschrift für Deutsches Recht
MHG	Gesetz zur Regelung der Miethöhe
n. F.	neue Fassung
NJW	Neue Juristische Wochenzeitschrift
NRW-RR	NJW - Rechtsprechungsreport Zivilrecht
NMV 1970	Verordnung über die Ermittlung der zulässigen Miete für preisgebundene Wohnungen (Neubaumietenverordnung 1970)
Nr.	Nummer
NZM	Neue Zeitschrift für Miet- und Wohnrecht
o.	oben
OLG	Oberlandesgericht
OLGR	OLG-Report

OWiG	Gesetz über Ordnungswidrigkeiten
Rn.	Randnummer
RG	Reichsgericht
RGZ	Entscheidungen des Reichsgerichts in Zivilsachen
Rpfleger	Der Deutsche Rechtspfleger
S.	Seite
s.	siehe
StGB	Strafgesetzbuch
str.	streitig
u.	und
u. a.	unter anderem
u. U.	unter Umständen
Urt.	Urteil
usw.	und so weiter
v.	vom/von
VG	Verwaltungsgericht
VGH	Verwaltungsgerichtshof
vgl.	vergleiche
Vorbem.	Vorbemerkung
WE	Wohnungseigentum (Zeitschrift)
WEG	Gesetz über das Wohnungseigentum und das Dauerwohnrecht (Wohnungseigentumsgesetz)
WuM	Wohnungswirtschaft & Mietrecht
II. WoBauG	Zweites Wohnungsbaugesetz (Wohnungsbau- und

Familienheimgesetz)

WoBindG	Gesetz zur Sicherung der Zweckbestimmung von Sozialwohnungen (Wohnungsbindungsgesetz)
WoFG	Wohnraumförderungsgesetz
WoFIV	Verordnung zur Berechnung der Wohnfläche (Wohnflächenverordnung – WoFIV)
z. B.	zum Beispiel
z. T.	zum Teil
Ziff.	Ziffer
zit.	zitiert
ZMR	Zeitschrift für Miet- und Raumrecht
ZPO	Zivilprozessordnung
ZVG	Gesetz über die Zwangsversteigerung und die Zwangsverwaltung (Zwangsversteigerungsgesetz)

Inhaltsverzeichnis

Allgemeine Entscheidungen zu Abschluss und Durchführung eines Mietvertrages

Gewerberaummietvertrag: Zur Schriftform bei Vertragsabschluss durch eine AG

Datum der Entscheidung: 04.11.2009

Aktenzeichen des Gerichts: XII ZR 86/07

Einleitung

Gemäß § 550 BGB ist ein nicht in gesetzlicher Schriftform geschlossener Mietvertrag **kündbar**. Zur Einhaltung der Schriftform ist es nicht ausreichend, dass ein Vertrag schriftlich abgeschlossen wird. Die Einhaltung der Schriftform geht darüber hinaus.

BEISPIEL

Zur Einhaltung der Schriftform ist es zum Beispiel erforderlich, dass die Seiten der Verträge durchlaufend nummeriert sind, dass Unterschriften aller Beteiligten enthalten sind, dass Unterschriften nicht nur in Form einer Paraphe geleistet werden dürfen etc..

Die Entscheidung

Bei Abschluss eines Mietvertrages durch eine Aktiengesellschaft ist die Schriftform gemäß § 550 BGB nur eingehalten, wenn alle Mitglieder des Vorstands unterschreiben. Alternativ hierzu kann eine Unterschrift den Hinweis beinhalten, dass das unterzeichnende Vorstandsmitglied auch die Vorstandsmitglieder vertreten will, die nicht unterzeichnet haben.

PRAXISTIPP

Zur Einhaltung der Schriftform ist zu empfehlen, dass sicherheitshalber im Mietvertrag alle Vorstände auch namentlich benannt werden.

Wohnraummietvertrag: Auslegung des Begriffs "Mietraumfläche"

Datum der Entscheidung: 21.10.2009

Aktenzeichen des Gerichts: VIII ZR 244/08

Einleitung

In Mietverträgen wird oftmals eine Mietfläche angegeben, welche später unter anderem Basis für Nebenkostenabrechnungen nach Wohnfläche oder von Mieterhöhungen sein können.

Bei einer Abweichung der tatsächlichen Wohnfläche zu der vertraglich vereinbarten Wohnfläche von mehr als 10% bestehen ach Minderungsansprüche eines Mieters.

Die Entscheidung

Bei der Auslegung des in einem Formularmietvertrag über Wohnräume verwendeten Begriffs "Mietraumfläche" ist im Zweifel die für den Verwendungsgegner günstigste Fläche anzusetzen.

PRAXISTIPP

Aus der Sicht eines Vermieters ist daher eine Angabe der Wohnfläche im Mietvertrag möglichst zu vermeiden. Bei Abweichungen der tatsächlichen Fläche geht der Vermieter erhebliche Risiken ein. Umgekehrt sollte ein Mieter stets darauf achten, dass die Wohnfläche im Mietvertrag aufgenommen wird. Dies kann für den Mieter nie nachteilig sein.

Wohnraummiete: Wohnflächenermittlung bei Anmietung einer Souterrainwohnung

Datum der Entscheidung: 29.09.2009

Aktenzeichen des Gerichts: VIII ZR 242/08

Einleitung

Oftmals werden auch Räume im Untergeschoss mit vermietet, obwohl diese baurechtlich nicht zu Wohnzwecken genutzt werden dürfen. In diesen Fällen entsteht oftmals Streit über die anzusetzende Wohnfläche bei Nebenkostenabrechnungen und Mieterhöhungen, wenn sich später herausstellt, dass die Räume nicht als Wohnraum zugelassen sind.

Die Entscheidung

Haben die Parteien vereinbart, auch die Räume im Untergeschoss zu Wohnzwecken im Mietvertrag aufzunehmen, dann haben sie sich auch darauf geeinigt, dass die vermietete "Wohnfläche" unter Einbeziehung des Kellergeschosses zu ermitteln ist. Eventuelle öffentlich-rechtliche Nutzungsverbote sind hierbei unbeachtlich.

PRAXISTIPP

Der Vermieter sollte sich stets Klarheit darüber verschaffen, ob sämtliche Mietflächen baurechtlich genehmigt sind. Der Mietvertrag über entsprechende Flächen bleibt nämlich auch wirksam, wenn Nutzungsbeschränkungen bestehen. Wenn im ungünstigsten Fall die Bauaufsicht Nutzungsuntersagungen ausspricht, bestehen gegen den Vermieter erhebliche Schadensersatzansprüche seitens des Mieters.

Mietvertrag über ein Studentenzimmer: Zur Wirksamkeit eines formularmäßig vereinbarten zweijährigen Kündigungsverzichts

Datum der Entscheidung: 15.07.2009

Aktenzeichen des Gerichts: VIII ZR 307/08

Einleitung

Seit der Mietrechtsreform im Jahre 2001 sind Mietverträge über Wohnraum nicht mehr als Langzeitmietvertrag mit fester Laufzeit möglich. Das Kündigungsrecht des Mieters soll nicht beschnitten werden. Zulässig ist aber die Vereinbarung eines wechselseitigen Verzichts auf eine Kündigung für die Dauer von maximal vier Jahren. Über diese Umgehung ist im Ergebnis eine Festlaufzeit doch noch möglich.

Die Entscheidung

Ein formularmäßig vereinbarter zweijähriger Kündigungsverzicht in einem Mietvertrag über ein von einem Studenten an seinem Studienort angemieteten Zimmer ist nicht zulässig. Hintergrund der Entscheidung ist die Tatsache, dass Studenten üblicherweise flexibel in ihrer Wohnweise sind. Typisch sind zum Beispiel Wechsel des Studienortes oder Auslandsaufenthalte.

PRAXISTIPP

*In dem konkreten Fall der Vermietung einer Studentenwohnung genügt also ein formularmäßiger Verzicht auf ein Kündigungsrecht nicht. Nur ein **individuell verhandelter** Kündigungsverzicht ist wirksam.*

Wohnraummietvertrag: Wohnflächenberechnung bei einem alten Fachwerkhaus

Datum der Entscheidung: 08.07.2009

Aktenzeichen des Gerichts: VIII ZR 218/08

Einleitung

Wie weiter oben bereits ausgeführt, ist die Mietfläche bei verschiedenen Themen von großer Bedeutung. So ist dies der Fall bei Mieterhöhungen, Nebenkostenabrechnungen oder der Frage des Vorliegens eines Mietmangels wegen einer Abweichung der tatsächlichen zur vertraglich vereinbarten Wohnfläche von mehr als 10%. Zur Ermittlung einer Wohnfläche gibt es verschiedene Methoden, wie z. B. die II. Berechnungsverordnung oder DIN-Vorschriften etc.. Diese Berechnungsmethoden kommen je nach Immobilie teilweise zu deutlich verschiedenen Wohnflächen.

Die Entscheidung

Ist in einem Wohnraummietvertrag über ein älteres Fachwerkhaus vereinbart, dass die Wohnfläche nach der II. BV zu berechnen ist, so ist diese Vereinbarung wirksam. Es kann die Anwendung der II. BV nicht mit der Begründung abgelehnt werden, alte Fachwerkhäuser mit niedriger Deckenhöhe und freiliegenden Deckenbalken habe die Zweite Berechnungsverordnung nicht berücksichtigt.

PRAXISTIPP

Es sollte zur Klarheit im Mietvertrag aufgenommen werden, welche Berechnungsmethode Anwendung finden soll. Dies wird in der Regel im Rechtsstreit Bestand haben.

Gewerberaummietvertrag: Heilung eines Schriftformverstoßes durch eine Nachtragsvereinbarung

Datum der Entscheidung: 29.04.2009

Aktenzeichen des Gerichts: XII ZR 142/07

Einleitung

Ein Schriftformverstoß, welcher gemäß § 550 BGB zur Kündbarkeit des Mietvertrages führt, liegt auch vor, wenn die Unterschriften der Beteiligten nicht zeitnah geleistet werden.

Die Entscheidung

Ist ein formgerechter Mietvertrag mangels rechtzeitiger Annahme eines Angebots nicht abgeschlossen worden, so wird durch eine formgerechte Nachtragsvereinbarung, die auf die ursprüngliche Urkunde Bezug nimmt, ein insgesamt formwirksamer Mietvertrag geschlossen.

PRAXISTIPP

Es gibt zahlreiche Fälle, in welchen eine Kündbarkeit eines Mietvertrages wegen eines Schriftformverstoßes gegeben ist. In einem solchen Fall sollte stets daran gedacht werden einen Nachtragsvertrag abzuschließen, durch welchen der Schriftformverstoß geheilt werden kann.

Wohnraummietvertrag: Unwirksame Mietvorauszahlungsklausel

Datum der Entscheidung: 04.02.2009

Aktenzeichen des Gerichts: VIII ZR 66/08

Einleitung

Nach altem Recht war es unzulässig, in Formularmietverträgen gleichzeitig zu vereinbaren, dass die Miete monatlich im Voraus zu entrichten ist und gleichzeitig das Recht zur Mietminderung einzuschränken.

Die Entscheidung

An die Stelle der formularmäßig vereinbarten Klausel zur Zahlung der Miete im Voraus in einem nach altem Recht abgeschlossenen Mietvertrag, die wegen einer unzulässigen Beschränkung des Mietminderungsrechts unwirksam ist, ist die Fälligkeit nach § 551 BGB a.F. getreten, wonach die Miete kraft Gesetzes zum Ende eines Monats geleistet werden muss.

PRAXISTIPP

Eine Kündigung ist u. a. zulässig, wenn der Mieter mit zwei Monatsmieten im Rückstand ist. Bei langjährigen Mietverträgen ist nach dieser Entscheidung der Mietvertrag dahingehend zu prüfen, wann die Miete fällig ist. Andernfalls könnte sonst verfrüht gekündigt werden, wenn z. B. zur Mitte des Monats die Miete noch gar nicht fällig war.

Gewerberaummietvertrag: Schriftform eingehalten trotz fehlender Anlagen zum Mietvertrag

Datum der Entscheidung: 17.12.2008

Aktenzeichen des Gerichts: XII ZR 57/07

Einleitung

In der Regel sind alle wesentlichen Anlagen zu einem Mietvertrag anzufügen, wenn diese wesentliche Inhalte darstellen. Andernfalls liegt ein Schriftformverstoß vor, welcher zur Kündbarkeit des Mietvertrages führt.

Die Entscheidung

Ein Mietvertrag genügt der Schriftform wenn sich wenigstens die wesentlichen Vertragsbedingungen wie

- Mietgegenstand,
- Miethöhe,
- Dauer und
- Parteien des Mietvertrages

aus dem Mietvertrag ergeben.

Nicht in den Mietvertrag müssen Inhalte, die den Vertrag nur erläutern sollen.

PRAXISTIPP

Sicherheitshalber ist dennoch dringend anzuraten, alle Anlagen stets fest mit dem Mietvertrag zu verbinden, um Risiken einer Kündbarkeit auszuschließen.

Wohnraummiete: Ausübung eines Vorkaufsrechts durch einen Mieter bei bestehender Zwangsverwaltung

Datum der Entscheidung: 17.12.2008

Aktenzeichen des Gerichts: VIII ZR 13/08

Einleitung:

Ein Mieter hat im Falle eines Verkaufs einer Wohnung, an welcher erst nach Beginn des Mietverhältnisses Wohnungseigentum begründet wird, ein Vorkaufsrecht. Gegenstand der BGH-Entscheidung ist die Frage, ob der Mieter, welcher eine Wohnung in einem solchen Fall erworben hat, die Miete einem Zwangsverwalter gegenüber zurückhalten kann.

Die Entscheidung

Macht der Mieter bei einer unter Zwangsverwaltung stehenden Wohnung von seinem Vorkaufsrecht Gebrauch, so steht dem Mieter gegenüber dem Anspruch des Zwangsverwalters auf Zahlung der Miete ein Zurückbehaltungsrecht wegen des gegen den Vermieter gerichteten Anspruchs auf Verschaffung des Eigentums an der Mietwohnung **nicht** zu.

PRAXISTIPP

Der Mieter läuft also beim Eintritt in einen Kaufvertrag bei bestehender Zwangsverwaltung Gefahr, weiterhin die Miete entrichten zu müssen. Ein Mieter muss sich also vor Ausübung eines Vorkaufsrechts in Bezug auf den jeweiligen Fall konkret beraten lassen. Pauschale Empfehlungen diesbezüglich würden die jeweiligen Besonderheiten des Einzelfalls nicht in genügendem Maße berücksichtigen.

Wohnraummietvertrag: einseitiger Verzicht des Mieters auf Kündigung bei Bestehen einer Staffelmietvereinbarung

Datum der Entscheidung: 12.11.2008

Aktenzeichen des Gerichts: VIII ZR 270/07

Einleitung:

Prinzipiell sind Beschränkungen des Kündigungsrechts des Wohnraummieters nicht zulässig. Das gleiche Ergebnis kann aber erreicht werden durch einen wechselseitigen Verzicht der Mietvertragsparteien auf eine ordentliche Kündigung. Ein einseitiger Verzicht reicht in der Regel nicht aus.

Die Entscheidung

Ein einseitiger Verzicht des Mieters von Wohnraum auf sein ordentliches Kündigungsrecht ist ausnahmsweise zulässig, wenn der Kündigungsausschluss zusammen mit einer Staffelmietvereinbarung geschlossen wurde und seine Dauer nicht mehr als vier Jahre seit Abschluss der Staffelmietvereinbarung beträgt.

PRAXISTIPP

In der Regel bekannt ist die Möglichkeit eines wechselseitigen Kündigungsverzichts. Durch die Kombination mit der Staffelmietvereinbarung ist nun auch ein einseitiger Verzicht möglich.

Gewerberaummietvertrag: Schriftform auch relevant bei unbefristetem Mietvertrag

Datum der Entscheidung: 09.07.2008

Aktenzeichen des Gerichts: XII ZR 117/06

Einleitung

Die Kündbarkeit eines Mietvertrages wegen eines Schriftformverstoßes gemäß § 550 BGB ist in der Regel relevant bei Langzeitmietverträgen.

Die Entscheidung

Die Schriftform ist jedoch auch einzuhalten bei Mietverträgen mit unbestimmter Dauer. Wenn die Parteien die ordentliche Kündigung über ein Jahr hinaus ausschließen ist der Fall in der Regel vergleichbar mit einer Festlaufzeit. Ist die Schriftform nicht eingehalten worden, ist der Ausschluss der ordentlichen Kündigung ebenfalls nicht wirksam vereinbart und das Mietverhältnis daher kündbar.

PRAXISTIPP

Bei Wohnraummietverträgen ist eine Festlauzeit nicht mehr möglich. Umgangen wird dies zulässigerweise durch die Vereinbarung eines Verzichts auf das Recht zur ordentlichen Kündigung. Die vorliegende Entscheidung stellt klar, dass das Schriftformthema nicht nur bei einer Festlaufzeit, sondern auch bei dem Verzicht auf ein Kündigungsrecht relevant ist.

Rechte und Pflichten der Mietvertragsparteien während des Mietverhältnisses

Wohnraummietvertrag: Minderung der Miete wegen Flächenabweichung bei einer Doppelhaushälfte mit Garten

Datum der Entscheidung: 28.10.2009

Aktenzeichen des Gerichts: VIII ZR 164/08

Einleitung

Durch den BGH ist klargestellt, dass eine Abweichung der tatsächlichen Mietfläche zur im Mietvertrag festgehaltenen Mietfläche ab 10% einen Mangel darstellt

Die Entscheidung

Auch bei einem vermieteten Einfamilienhaus mit Garten stellt eine Abweichung der Wohnfläche von mehr als 10% einen zur Minderung führenden Mangel dar. Eine Anhebung der Grenze auf mehr als 10% wegen der mit vermieteten Gartenfläche wird nicht durchgeführt.

PRAXISTIPP

Die Grenze von 10% darf daher als feste Grenze in nahezu allen Mietverhältnissen angesehen werden.

PRAXISTIPP

Zu berücksichtigen ist, dass der Mieter in der Regel die tatsächliche Mietfläche nicht kannte und daher seine Mietzahlungen in Unkenntnis des Mietmangels leistete. Aus diesem Grunde kann der Mieter die überzahlten Mietanteile auch rückwirkend fordern. Die Grenze liegt hierbei nur in der allgemeinen Verjährungsfrist von drei Jahren.

Wohnraummietvertrag: ausländischer Mieter – Anspruch auf Satellitenempfangsanlage

Datum der Entscheidung: 16.09.2009

Aktenzeichen des Gerichts: VIII ZR 67/08

Einleitung

Gerade ausländische Mieter haben ein gesteigertes Interesse an der Installation einer Satellitenschüssel, da zahlreiche ausländische Fernsehprogramme nicht über Kabel empfangen werden können.

Die Entscheidung

Sofern das geschützte Interesse des ausländischen Mieters, sich aus allgemein zugänglichen Quellen ungehindert zu unterrichten, das Recht des Vermieters als Eigentümer überwiegt, hat der Vermieter die Installation einer Parabolantenne zu erlauben, sofern der Mieter für die Versicherung verantwortlich ist und die Rückbaukosten gegenüber dem Vermieter sicherstellt.

PRAXISTIPP

Der Vermieter wird sich bei einem ausländischen Mieter nur schwer gegen den Aufbau einer Satellitenschüssel zur Wehr setzen können. Es empfiehlt sich daher bei einem Haus, in welchem zahlreiche Ausländer leben, die Installation einer zentralen Satellitenschüssel, welche alle Mieter versorgen kann.

Gewerberaummietvertrag: Investitionen des Mieters in die Mietsache – Wertausgleich bei Zwangsversteigerung

Datum der Entscheidung: 16.09.2009

Aktenzeichen des Gerichts: XII ZR 71/07

Einleitung

Oftmals investieren Mieter in erheblichem Umfang in das Mietobjekt. Dies ist sowohl bei gewerblichen, wie auch bei Wohnraummietverhältnissen denkbar. Sollte dann jedoch das Mietobjekt im Wege der Zwangsversteigerung veräußert werden, stellt sich die Frage, von wem der Mieter einen Ausgleich für seine Investitionen verlangen kann.

Die Entscheidung

Der Ausgleichsanspruch des Mieters wegen wertsteigernder Ein- und Umbauten in das Mietobjekt richtet sich nicht gegen den bisherigen Eigentümer, sondern gegen den Ersteher des Mietobjekts als neuen Vermieter.

PRAXISTIPP

Der Mieter, welcher in das Mietobjekt investieren möchte, benötigt die Zustimmung des Vermieters. Zu Beweiszwecken sollte dies schriftlich geschehen. Andernfalls muss der Mieter im Zweifel bei Beendigung des Mietverhältnisses zurückbauen, um das Objekt in dem Zustand an den Vermieter zurückzugeben, in dem er es angemietet hat. Unbedingt sollte in der schriftlichen Vereinbarung auch eine Regelung über die Höhe eines Ausgleichs im Falle der (vorzeitigen) Beendigung des Mietverhältnisses getroffen werden.

Wohnraummietvertrag über Einfamilienhaus: Mietminderung bei Nutzungsbeschränkung

Datum der Entscheidung: 16.09.2009

Aktenzeichen des Gerichts: VIII ZR 275/08

Einleitung

Nicht selten werden Mietflächen vermietet, die baurechtlich unzulässig oder nicht als Wohnraum genehmigungsfähig sind. Mieter verfallen in solchen Fällen des Öfteren auf den Gedanken, dass allein die fehlende Genehmigung bzw. Genehmigungsfähigkeit ein Recht zur Mietminderung gibt.

Die Entscheidung

Baurechtliche Nutzungsbeschränkungen vermieteter Wohnräume führen nicht zum Recht der Mietminderung. Erst wenn die Nutzbarkeit durch ein Einschreiten der Behörden z. B. in Form einer Nutzungsuntersagung eingeschränkt wird, entsteht das Recht zur Mietminderung.

PRAXISTIPP

Dennoch besteht für einen Vermieter in Fällen vorliegender Art das permanente Risiko des Einschreitens der Behörden. Der Vermieter muss daher vor Vermietung die Nutzbarkeit der Mietflächen sorgfältig prüfen. Andernfalls drohen erhebliche Schadensersatzforderungen.

Wohnraummietvertrag über Einfamilienhaus: Wohnflächenberechnung bei einem ausgebauten Dachgeschoss

Datum der Entscheidung: 16.09.2009

Aktenzeichen des Gerichts: VIII ZR 275/08

Einleitung

Die Mietfläche ist von großer Bedeutung für Mieterhöhungen und Nebenkostenabrechnungen etc.. Oftmals werden Flächen als Wohnraum mit vermietet, die nicht zu Wohnzwecken zugelassen sind. Hier stellt sich die Frage, ob diese Flächen bei der Flächenermittlung einzubeziehen sind.

Die Entscheidung

Wurde im Mietvertrag eine bestimmte Wohnfläche aufgenommen, sind alle vermieteten Flächen bei der Wohnflächenermittlung mit einzurechnen. Bei vermieteten Flächen, z. B. Dachflächen, gilt dies auch, wenn diese nicht als Wohnraum zugelassen sind.

PRAXISTIPP

Bei nicht zu Wohnzwecken dienenden Flächen sollte die fehlende Nutzungsmöglichkeit aus Sicht eines Vermieters unbedingt entsprechend im Mietvertrag bezeichnet werden.

Wohnraummietvertrag: Zur Duldung einer teilgewerblichen Wohnungsnutzung

Datum der Entscheidung: 14.07.2009

Aktenzeichen des Gerichts: VIII ZR 165/08

Einleitung

Geschäftliche Tätigkeit des Mieters in der Mietwohnung, die nach außen in Erscheinung tritt, muss der Vermieter grundsätzlich nicht ohne entsprechende Vereinbarung dulden.

Die Entscheidung

Der Vermieter kann allerdings nach Treu und Glauben verpflichtet sein, die Erlaubnis zur teilgewerblichen Nutzung zu erteilen, wenn es sich um eine Tätigkeit ohne Mitarbeiter und ohne ins Gewicht fallenden Kundenverkehr handelt. Grund hierfür ist, dass eine Störung der Hausruhe in diesen Fällen nicht gegeben ist.

PRAXISTIPP

Ein Mieter, der eine gewerbliche Tätigkeit beabsichtigt, sollte dies dennoch in jedem Falle bereits im Mietvertrag aufnehmen. Aus Sicht des Vermieters einer Eigentumswohnung muss bei Vereinbarung einer (teil-)gewerblichen Nutzung der Eigentumswohnung dringend geprüft werden, ob dies auch nach der Teilungserklärung zulässig ist. Andernfalls sieht sich der Vermieter unter Umständen erheblichen Ansprüchen ausgesetzt. Die Eigentümergemeinschaft kann auf Unterlassung klagen, der Vermieter kann dies dann aber nicht gegen den Mieter durchsetzen.

Wohnraummietvertrag: Trittschallschutz in einem renovierten Altbau

Datum der Entscheidung: 17.06.2009

Aktenzeichen des Gerichts: VIII ZR 131/08

Einleitung

Renovierungs- und Sanierungsarbeiten in einem Altbau führen in der Praxis manchmal sogar zur Verschlechterung des Trittschallschutzes. Dies ist zum Beispiel denkbar bei Entfernung eines Teppichbodens und der Verlegung von Parkett oder Laminat.

Die Entscheidung

Eine Mietwohnung in einem Altbau ist in schallschutztechnischer Hinsicht mangelfrei, wenn der Trittschallschutz den zur Zeit der Errichtung des Gebäudes geltenden Normen entspricht. Die gleiche Rechtslage ist gegeben, wenn in der Wohnung darüber der Fußbodenbelag ausgetauscht wird und sich dadurch der Schallschutz verschlechtert.

PRAXISTIPP

Renovierungen von Altbauten sind daher weiterhin möglich. Die ausgeführten Arbeiten müssen jedoch mangelfrei sein. Wenn sich der Schallschutz verschlechtert, weil Arbeiten mangelhaft ausgeführt wurden, sind dennoch Ansprüche eines gestörten Mieters gegeben.

Wohnraummietvertrag: Ankündigung baulicher Maßnahmen aufgrund behördlicher Anordnung

Datum der Entscheidung: 04.03.2009

Aktenzeichen des Gerichts: VIII ZR 110/08

Einleitung

Modernisierungsmaßnahmen sind drei Monate vor Durchführung anzukündigen. Hintergrund der Frist ist, dass sich der Mieter darauf einstellen können soll. Der Vermieter ist bezüglich des daraus entstehenden Zeitverlustes nicht schutzwürdig, da er die Planung in der Hand hat.

Die Entscheidung

Bauliche Maßnahmen, die wegen einer behördlichen Anordnung oder gesetzlichen Verpflichtung durchzuführen sind, unterliegen nicht den Mitteilungspflichten entsprechend anderer Modernisierungsmaßnahmen. Auch diese Maßnahmen sind aber vorher anzukündigen, so dass sich der Mieter nach Möglichkeit darauf einstellen kann. Es bestehen jedoch keine festen Fristen.

PRAXISTIPP

Der Vermieter kann also bei Bestehen gesetzlicher Verpflichtungen schneller und unbürokratischer handeln und seine Verpflichtungen erfüllen. Der Mieter muss nach § 242 BGB (Treu und Glauben) an einer Terminabstimmung mitwirken, welche ggf. auch eingeklagt werden kann.

Wohnraummietvertrag: Muss der Vermieter regelmäßig die Elektroinstallationen überprüfen?

Datum der Entscheidung: 15.10.2008

Aktenzeichen des Gerichts: VIII ZR 321/07

Einleitung

Grundsätzlich muss der Vermieter das Mietobjekt im mangelfreien Zustand übergeben und es auch in entsprechendem Zustand erhalten.

Die Entscheidung

Den Vermieter trifft keine Pflicht ohne Indizien für eine Mangelhaftigkeit der Elektroinstallationen eine regelmäßige Inspektion dieser Installationen und Elektrogeräte in den vermieteten Wohnungen durchzuführen.

PRAXISTIPP

Der Mieter eines Mietobjektes ist verpflichtet, den Vermieter unverzüglich zu informieren, wenn Mängel vorliegen, um dem Vermieter die Möglichkeit der Mängelbeseitigung zu geben. Andernfalls macht sich der Mieter schadensersatzpflichtig. Sollte jedoch der Mieter, z. B. bei der Elektroinstallation, dem Vermieter Mitteilung von Mängeln machen, muss der Vermieter unverzüglich tätig werden. Sollte nämlich im schlimmsten Fall ein Brand entstehen, würde sich andernfalls der Vermieter schadensersatzpflichtig machen.

Geschäftsraummietvertrag: Ständiger Zugang von Kunden als Mietmangel bei Vereinbarung einer Zugangskontrolle

Datum der Entscheidung: 15.10.2008

Aktenzeichen des Gerichts: XII ZR 2/07

Einleitung

In einigen Bürogebäuden wird im Eingangsbereich eine Zugangskontrolle, z. B. über Chipkarten vertraglich zugesichert. Hintergrund ist ein Sicherheitsinteresse einzelner Büromieter.

Die Entscheidung

Wenn in einem Bürogebäude ein Mieter eine Zugangskontrolle vertraglich vereinbart hat, andere Mieter aber die Eingangstür ständig offen halten, um Publikumsverkehr zu empfangen, liegt hierin nicht automatisch ein Mangel, der zu Mietminderungen berechtigt.

PRAXISTIPP

Sollte ein Mieter Wert auf eine Zugangskontrolle legen, muss dieser also ausdrücklich in den Mietvertrag aufnehmen, in welchem Umfang Zugangskontrollen stattfinden und dass zwischen den Parteien eine ausdrückliche Zusicherung der Zugangskontrolle und im Falle das Ausbleibens entsprechender Kontrollen Mietminderungsrechte vereinbart sind.

Schönheitsrenovierungen

Wohnraummietvertrag: Vereinbarung zum „Weißen" der Wände

Datum der Entscheidung: 23.09.2009

Aktenzeichen des Gerichts: VIII ZR 344/08

Einleitung

In den letzten Jahren sind zahlreiche Entscheidungen des Bundesgerichtshofs ergangen, welche die Anforderungen an Vereinbarungen zur Übertragung der Renovierungspflicht auf den Mieter einschränken.

Die Entscheidung

Die Regelung in einem Mietvertragsformular, nach welchem ein Mieter die Wohnung auch während der Mietzeit zu **weißen** hat, ist wegen unangemessener Benachteiligung des Mieters unwirksam. Der Grund liegt darin, dass unter dem Begriff „Weißen" nicht zwingend nur „Renovierung", bzw. „Anstreichen" gemeint sein könnte, sondern ein Anreichen in der Farbe Weiß.

PRAXISTIPP

Man sieht an diesem Fall, dass der BGH bei der Prüfung von Renovierungsklauseln höchste Ansprüche setzt. Im Zweifel sollten daher mietvertragliche Regelungen möglichst zurückhaltend sein.

Wohnraummietvertrag: Renovierung trotz unwirksamer Renovierungsklausel und Wertersatz

Datum der Entscheidung: 27.05.2009

Aktenzeichen des Gerichts: VIII ZR 302/07

Einleitung

Oftmals renovieren Mieter in Unkenntnis der Unwirksamkeit einer Renovierungsklausel.

Die Entscheidung

Ein Mieter, der wegen einer unwirksamen Endrenovierungsklausel Schönheitsreparaturen durchführt, ohne die Unwirksamkeit der Renovierungsklausel zu kennen, wird im eigenen Interesse tätig. Es handelt sich also um ein eigenes Geschäft. Ein Vermieter hat dennoch einen Wertersatz für die Renovierungsarbeiten zu leisten.

PRAXISTIPP

Wenn ein Vermieter erkennt, dass die Renovierungsklausel unwirksam ist, wird oftmals versucht, den Mieter dennoch renovieren zu lassen in der Hoffnung, dass der Mieter die Unwirksamkeit der Renovierungsklausel nicht kennt. Dies kann dann zu Zahlungsansprüchen führen, wenn der Mieter später –zum Beispiel im Rahmen eines Rechtsstreits über die Mietkaution – von der Unwirksamkeit der Renovierungsklausel erfährt.

Wohnraummietvertrag: Renovierungsklausel

Datum der Entscheidung: 18.02.2009

Aktenzeichen des Gerichts: VIII ZR 210/08

Einleitung

Der Mieter schuldet nur Arbeiten im Innenbereich der Mietflächen.

Die Entscheidung

Für den Begriff der Schönheitsreparaturen ist die Definition in § 28 Abs. 4 Satz 3 II. BV anzuwenden. Bei Türen und Fenster ist nur das Streichen der **Innen**türen sowie der Fenster und Außentüren von **innen**, nicht aber der Außenanstrich von Türen und Fenstern geschuldet.

PRAXISTIPP

*Sofern eine Renovierungsklausel auch den Außenanstrich vorsieht, ist die Klausel **insgesamt** unwirksam. Der Mieter muss in diesem Falle gar nicht renovieren.*

Wohnraummietvertrag: Renovierungsklausel

Datum der Entscheidung: 18.02.2009

Aktenzeichen des Gerichts: VIII ZR 166/08

Einleitung

Oftmals wird versucht, den Mieter bereits während der Mietzeit an Vorgaben zur Ausführung von Renovierungen zu binden.

Die Entscheidung

Enthält eine Renovierungsklausel im Formularmietvertrag eine vorgegebene Farbwahl, z. B. „in neutralen Farbtönen", ohne dass hierfür ein besonderes Interesse des Vermieters feststellbar ist, ist diese Regelung unwirksam.

PRAXISTIPP

Der Mietvertrag sollte daher gar keine Vorgabe von Farben enthalten.

Wohnraummietvertrag: Renovierungsklausel

Datum der Entscheidung: 18.02.2009

Aktenzeichen des Gerichts: VIII ZR 166/08

Einleitung

Oftmals renovieren Mieter eine Wohnung, ohne hierzu verpflichtet zu sein. Es stellt sich dann die Frage, ob ein Vermieter Schadensersatz fordern kann, wenn die (nicht geschuldete) Renovierung mangelhaft ausgeführt wurde.

Die Entscheidung

Hat der Mieter nicht geschuldete Renovierungen mangelhaft ausgeführt, so muss er nur bei Verursachung **zusätzlicher** Schäden Schadenersatz leisten.

PRAXISTIPP

Der Vermieter muss also in einem späteren Schadensersatzanspruch belegen können, dass weitere Kosten durch Handwerker etc. entstanden sind, z. B. die Notwendigkeit der Entfernung der Tapete etc..

Wohnraummietvertrag: Mieterhöhung wegen unwirksamer Renovierungsklausel

Datum der Entscheidung: 11.02.2009

Aktenzeichen des Gerichts: VIII ZR 118/07

Einleitung

In den letzten Jahren hat der BGH zahlreiche Renovierungsklauseln als unwirksam angesehen. Da die Wirksamkeit der Renovierungsklausel für den Vermieter Kalkulationsgrundlage bei Abschluss des Mietvertrages war und die Unwirksamkeit die Vermieter überraschend traf, war überlegt worden, ob die Kalkulationsgrundlage anzupassen ist.

Die Entscheidung

Ist die mietvertragliche Renovierungsklausel unwirksam, so kann der Vermieter **keinen** Zuschlag zur Miete verlangen.

PRAXISTIPP

Dem Vermieter bleibt daher nur, eine Mieterhöhung durchzuführen, um den Schaden auszugleichen.

Wohnungsmietvertrag: Wirksamkeit der Renovierungsklausel bei Unwirksamkeit einer Quotenabgeltungsklausel

Datum der Entscheidung: 18.11.2008

Aktenzeichen des Gerichts: VIII ZR 73/08

Einleitung

In der Regel führen unwirksame Bestandteile einer Klausel dazu, dass die gesamte Klausel unwirksam ist. Die Frage war daher, ob eine unwirksame Quotenabgeltungsklausel dazu führt, dass die gesamte Renovierungsklausel unwirksam ist und daher der Mieter insgesamt von der Pflicht zur Renovierung befreit ist. Eine Quotenabgeltungsklausel besagt vereinfacht, dass der Mieter im Falle, dass die Renovierungspflichten bei Auszug noch nicht abgelaufen sind, anteilige Kosten der Renovierung durch eine Fachfirma zu tragen hätte.

Die Entscheidung

Eine unwirksame Quotenabgeltungsklausel führt nicht zur Unwirksamkeit der gesamten Renovierungsklausel.

PRAXISTIPP

Oftmals argumentieren Mieter, dass die Quotenabgeltungsklausel unwirksam sei und daher gar nicht renoviert werden müsse. Dem ist also nicht zu folgen. Wenn allerdings das Mietverhältnis vor Ablauf der Renovierungsfristen abgelaufen ist, muss der Mieter nicht renovieren und wegen der Unwirksamkeit der Quotenabgeltungsklausel auch keinen finanziellen Ausgleich leisten.

Wohnungsmietvertrag: Renovierungsfristen bei unrenoviert übergebener Wohnung

Datum der Entscheidung: 18.11.2008

Aktenzeichen des Gerichts: VIII ZR 73/08

Einleitung

Oftmals argumentieren Mieter, dass sie während der Mietzeit nicht renovieren müssten, weil die Wohnung unrenoviert übergeben wurde und die Mieter daher bei Einzug bereits renoviert hätten.

Die Entscheidung

Renovierungsklauseln mit flexiblen Renovierungsfristen sind auch bei unrenoviert übergebener Wohnung wirksam.

PRAXISTIPP

Der Vermieter kann also eine unrenovierte Wohnung übergeben und dennoch vertraglich regeln, dass den Mieter die laufenden Renovierungspflichten treffen.

Wohnraummietvertrag: wirksame Renovierungsklausel - so geht´s

Datum der Entscheidung: 22.10.2008

Aktenzeichen des Gerichts: VIII ZR 283/07

Einleitung

Nach den zahlreichen Einschränkungen der Renovierungsklauseln durch den BGH stellt sich die berechtigte Frage, wie denn nun eine wirksame Renovierungsklausel aussehen könnte.

Die Entscheidung

Die in einem Mietvertrag enthaltene Klausel:

"Der Mieter verpflichtet sich, während der Mietzeit die erforderlichen Schönheitsreparaturen innerhalb der Wohnung durchzuführen. Zu den Schönheitsreparaturen gehören: Das Tapezieren, Anstreichen der Wände und der Decken, das Pflegen und Reinigen der Fußböden, das Streichen der Innentüren, der Fenster und Außentüren von innen sowie das Streichen der Heizkörper und Versorgungsleitungen innerhalb der Wohnung. Die Arbeiten sind handwerksgerecht auszuführen.

Üblicherweise werden Schönheitsreparaturen in den Mieträumen in folgenden Zeiträumen erforderlich sein:

> *in Küchen, Bädern und Duschen :*
>
> *alle drei Jahre,*

> *in Wohn- und Schlafräumen, Fluren, Dielen und Toiletten:*
>
> *alle fünf Jahre,*

> *in anderen Nebenräumen:*
>
> *alle sieben Jahre.*

Demgemäß sind die Mieträume zum Ende des Mietverhältnisses in dem Zustand zurückzugeben, der bestehen würde, wenn der Mieter die ihm nach Ziffer 2 obliegenden Schönheitsreparaturen durchgeführt hätte. Lackierte Holzteile sind in dem Farbton zurückzugeben, wie er bei Vertragsbeginn vorgegeben war; farbig gestrichene Holzteile können auch in Weiß oder hellen Farbtönen gestrichen zurückgegeben werden."

ist **wirksam**.

PRAXISTIPP

| *Diese Klausel kann also risikofrei übernommen werden.*

Wohnungsmietvertrag: Schadenersatzanspruch wegen unterlassener Renovierung bei Auszug

Datum der Entscheidung: 21.10.2008

Aktenzeichen des Gerichts: VIII ZR 189/07

Einleitung

Ein Mieter, welcher wirksam zur Renovierung verpflichtet wurde, dessen Quotenabgeltungsklausel aber unwirksam ist, könnte einwenden, dass er bei unterlassener Renovierung bei Mietende keine Zahlungen leisten muss, weil die Abgeltungsklausel unwirksam ist.

Die Entscheidung

Ist in einem Mietvertrag die Pflicht zur Renovierung auf den Mieter übertragen worden, besteht bei unterlassener Renovierung bei Mietende ein Schadensersatzanspruch des Vermieters. Es kommt dann nicht darauf an, ob eine Abgeltungsklausel der Inhaltskontrolle standhält.

PRAXISTIPP

Eine unwirksame Quotenabgeltungsklausel schadet also nicht, wenn die Zeiten der Renovierungsklausel abgelaufen sind.

Gewerberaummietvertrag: Umfang der Renovierungspflichten

Datum der Entscheidung: 08.10.2008

Aktenzeichen des Gerichts: XII ZR 15/07

Einleitung

Grundsätzlich könnte auch einfach vereinbart werden, dass der Mieter „die Schönheitsreparaturen" übernimmt. Diese Klausel wäre wirksam, würde aber im Falle eines Rechtsstreits Spielraum für Diskussionen eröffnen.

Die Entscheidung

Vereinbaren die Parteien eines Gewerberaummietvertrages einfach die Übertragung von Schönheitsreparaturen, ist auch eine Grundreinigung des Teppichbodens enthalten.

PRAXISTIPP

Es ist aber zu berücksichtigen, dass nur eine Reinigung enthalten ist. Ein Austausch des Teppichbodens ist nicht geschuldet. Ausnahme: Erhebliche Beschädigungen wie Brandflecken, Rotweinflecken etc..

Gewerberaummietvertrag: Renovierungsklausel mit starren Fristen

Datum der Entscheidung: 08.10.2008

Aktenzeichen des Gerichts: XII ZR 84/06

Einleitung

Der BGH hat entschieden, dass starre Fristen zur Vornahme von Renovierungen in einem Mietvertrag über **Wohnräume** zur Unwirksamkeit der Renovierungsklausel führen, da diese die Besonderheiten des Einzelfalles nicht berücksichtigen.

Die Entscheidung

Eine Übertragung der Renovierungspflicht auf den Mieter in einem **Gewerbe**mietvertrag ist genauso wie bei Wohnraummietverträgen unwirksam, wenn der Mieter zur Renovierung nach starren Fristen verpflichtet wurde.

PRAXISTIPP

Allgemein ist zu empfehlen, bei gewerblichen Mietverträgen im Zweifel Regelungen aus dem Wohnraummietrecht zu übernehmen, da die Tendenz der Rechtsprechung dahingeht, die Regelungen des gewerblichen Mietrechts denen des Wohnraummietrechts anzugleichen.

Wohnraummietvertrag: Renovierungsklausel bei unangemessener Klausel zur Farbwahl

Datum der Entscheidung: 18.06.2008

Aktenzeichen des Gerichts: VIII ZR 224/07

Einleitung

Bei Auszug eines Mieters kann wirksam vereinbart werden, dass die Wohnung in neutralen Farben zurückzugeben ist. Während des **laufenden Mietverhältnisses** kann der Mieter nicht entsprechend eingeschränkt werden.

Die Entscheidung

Eine Klausel, wonach der Mieter, die Renovierungen **auch während des laufenden Mietverhältnisses** in „neutralen, hellen, deckenden Farben und Tapeten auszuführen" hat, ist unwirksam, wenn sie nicht auf den Zustand der Wohnung im Zeitpunkt der Rückgabe der Mietsache beschränkt ist. Eine solche unwirksame Regelung führt zur Unwirksamkeit der **gesamten** Renovierungsklausel.

PRAXISTIPP

Es ist bei allen Regelungen daran zu denken, dass der Mieter während der Nutzung der Wohnung nicht in seinen Rechten eingeschränkt werden darf.

Betriebs- und Nebenkosten

Gewerberaummietvertrag: Abrechnungsfrist der Betriebskosten

Datum der Entscheidung:	27.01.2010
Aktenzeichen des Gerichts:	XII ZR 22/07

Einleitung

Nach § 556 Abs. 3 Satz 3 BGB muss der Vermieter von Wohnraum innerhalb von einem Jahr nach Ablauf des Abrechnungsjahres die Nebenkosten abrechnen. Andernfalls verliert er die Möglichkeit, Nachforderungen geltend zu machen, falls die Nebenkostenvorauszahlungen nicht kostendeckend waren.

Die Entscheidung

Der Vermieter von **Gewerberäumen** muss die Nebenkosten ebenfalls innerhalb einer angemessenen Frist abrechnen. Angemessen ist in der Regel ein Jahr nach Ende des Abrechnungszeitraums. Diese Abrechnungsfrist ist aber **keine Ausschlussfrist**.

PRAXISTIPP

Dies bedeutet, dass der Vermieter nach einem Jahr zwar mit rechtlichen Schritten des Mieters rechnen muss, er kann aber immer noch abrechnen und Nachforderungen geltend machen.

Geschäftsraummietvertrag: Umlage von Verwaltungskosten

Datum der Entscheidung: 09.12.2009

Aktenzeichen des Gerichts: XII ZR 109/08

Einleitung

Bisher galt, dass bei gewerblichen Mietverhältnissen auch Kosten der Verwaltung umlegbar sind. Begrenzt war dies in der Regel kostenmäßig bei 3-4% der Miete.

Die Entscheidung

Die Umlage von "Kosten der kaufmännischen und technischen Hausverwaltung" in einem Gewerberaummietvertrag ist wirksam möglich. Dies gilt auch, wenn die Vorauszahlungen zu niedrig angesetzt waren und wenn keine kostenmäßige Begrenzung in der Klausel des Mietvertrages enthalten ist

PRAXISTIPP

Bei Wohnraum ist die Umlage von Verwaltungskosen in keinem Falle, auch nicht höhenmäßig begrenzt, möglich.

Brennstoffkosten

Datum der Entscheidung: 25.11.2009

Aktenzeichen des Gerichts: VIII ZR 322/08

Einleitung

An Nebenkostenabrechnungen werden hohe Anforderungen gestellt. Ein hoher Anteil der Abrechnungen ist fehlerhaft.

Die Entscheidung

Bei der Abrechnung der Brennstoffkosten genügt die Angabe der Verbrauchswerte in einer Summe und der dafür angefallenen Kosten. Eine aus sich heraus verständliche Abrechnung ist ausreichend.

PRAXISTIPP

Es ist auch bei anderen Kosten in der Regel ausreichend, wenn nur die Gesamtbeträge angegeben werden. Der Mieter kann die inhaltliche Richtigkeit der Beträge durch Belegeinsicht prüfen.

Wohnraummietvertrag: Wasserkosten bei gewerblichen Mietern und Wohnraummietern in einem Objekt

Datum der Entscheidung: 25.11.2009

Aktenzeichen des Gerichts: VIII ZR 69/09

Einleitung

Bei der gemeinsamen Nutzung einer Immobilie durch Wohn- und Gewerberaummieter stellt sich häufig die Frage nach der Notwendigkeit eines Vorwegabzuges, also der getrennten Erfassung und Abrechnung von Wohn- und Gewerberaummietern.

BEISPIEL

So sind bei gewerblichen Nutzern teilweise Grundsteuerbeträge höher oder Friseursalons verbrauchen z. B. sehr viel Wasser, was bei Fehlen von Wasserverbrauchszählern und reiner Umlage nach Fläche zu einer Benachteiligung der Wohnraummieter führen würde.

Die Entscheidung

Der Vermieter ist bei der Abrechnung von Wasserkosten bei gemischt genutzten Objekten **in der Regel** nicht verpflichtet, verschiedene Nutzergruppen durch jeweils gesonderte Zähler zu erfassen.

PRAXISTIPP

Bei der Entscheidung handelt es sich um eine grundsätzliche Regelung. Im Einzelfall, wie unter anderem im oben genannten Beispiel bei Friseursalons, kann etwas anderes gelten. Im Zweifel sollten Vermieter stets alle Positionen, die in irgendeiner Form verbrauchsmäßig erfasst werden können, entsprechend erfassen und abrechnen.

Wohnraummietvertrag: Öltankreinigung als Betriebskosten

Datum der Entscheidung: 11.11.2009

Aktenzeichen des Gerichts: VIII ZR 221/08

Einleitung

Zu den Betriebskosten gehören nur wiederkehrende Kostenpositionen. Einmalige Kosten, wie z. B. die zur Entfernung eines Wespennestes, sind nicht umlagefähig.

Die Entscheidung

Wiederkehrende Kosten der Öltankreinigung einer Heizungsanlage sind umlagefähig. Allgemein sind Kostenpositionen, die in größeren zeitlichen Abständen wiederkehren, grundsätzlich in dem Abrechnungszeitraum umlegbar, in dem sie anfallen.

PRAXISTIPP

Allgemein sollte der Vermieter bei der Frage der Umlegbarkeit von Kosten überlegen, ob diese wiederkehrend anfallen. Ein mehrjähriger Turnus ist hierfür ausreichend.

Wohnraummietvertrag: Versäumte Abrechnungsfrist

Datum der Entscheidung: 27.10.2009

Aktenzeichen des Gerichts: VIII ZR 334/07

Einleitung

Grundsätzlich muss de Vermieter von Wohnraum bereits kraft Gesetzes innerhalb eines Jahres die Betriebskostenabrechnung erstellen und dem Mieter zustellen. Nach Ablauf dieser Einjahresfrist ist der Vermieter mit Nachforderungen ausgeschlossen.

Die Entscheidung

Wenn ein Vermieter eine **mietvertraglich vereinbarte** Frist zur Abrechnung Nebenkostenabrechnung hat verstreichen lassen, führt dies nicht zur Verwirkung der Nachzahlungsforderung.

PRAXISTIPP

Zu unterscheiden ist also die gesetzliche Frist von einem Jahr und andererseits eine eventuell kürzere mietvertraglich vereinbarte Frist. Letztere führt nur zum Anspruch des Mieters auf Abrechnung aber nicht zum Verlust von Nachforderungen des Vermieters.

Dingliches Wohnrecht: Betriebskostenabrechnung

Datum der Entscheidung: 25.09.2009

Aktenzeichen des Gerichts: V ZR 36/09

Einleitung

Prinzipiell kann bei einem dinglichen Wohnrecht nicht auf mietrechtliche Vorschriften abgestellt werden, da es sich um rechtlich völlig verschiedene Bereiche handelt.

Die Entscheidung

Wird bei einem dinglichen Wohnrecht eine Kostentragungspflicht bezüglich der Betriebskosten nebst Vorauszahlungen vereinbart, gelten für die Abrechnung die mietrechtlichen Vorschriften entsprechend.

PRAXISTIPP

Bei der Vereinbarung eines dinglichen Wohnrechts sind zahlreiche Regelungen zu treffen, wie z. B. Betriebskosten, Vereinbarung eines monatlichen Entgelts für das Wohnrecht, Konsequenzen bei Zahlungsverzug, Verantwortlichkeit bezüglich Mängelbeseitigung etc.. Die mietrechtlichen Vorschriften können hierfür Anhaltspunkte geben.

Wohnraummietvertrag: Soll-Vorschüsse statt Ist-Vorschüsse

Datum der Entscheidung: 23.09.2009

Aktenzeichen des Gerichts: VIII ZA 2/08

Einleitung

Bisher war gängige Ansicht, dass der Vermieter in eine Betriebskostenabrechnung in jedem Fall die tatsächlich geleisteten Vorschüsse aufzuführen hatte und dass eine Abrechnung auf Basis der Sollvorschüsse laut Mietvertrag formell fehlerhaft sei, wenn die tatsächlichen Vorschüsse von den vertraglich vereinbarten Soll-Vorschüssen abweicht. Formelle Fehlerhaftigkeit führt dazu, dass die Abrechnung nichtig ist, also als nicht erstellt gilt.

Die Entscheidung

Eine Betriebskostenabrechnung auf Basis von Soll-Vorschüssen anstatt der Ist-Vorschüsse ist formell wirksam.

PRAXISTIPP

Diese Entscheidung erleichtert entgegen bisheriger Tendenz der Rechtsprechung die Abrechnung für den Vermieter.

Wohnraummietvertrag: Sach- und Haftpflichtversicherung

Datum der Entscheidung: 16.09.2009

Aktenzeichen des Gerichts: VIII ZR 346/08

Einleitung

Oftmals rechnen Vermieter die Kosten der Versicherungen unter einer Position ab. Hier stellte sich die Frage, ob dies zu einer nachvollziehbaren Abrechnung führt, wenn verschiedene Versicherungen abgerechnet werden.

Die Entscheidung

Der Vermieter darf die Kosten der Sach- und Haftpflichtversicherung in einem Betrag unter der Kostenposition "Versicherung" abrechnen.

PRAXISTIPP

Trotz dieser Vereinfachungstendenz seitens des BGH sollte eine Betriebskostenabrechnung möglichst detailliert aufgeschlüsselt werden, weil nicht auszuschließen ist, dass entsprechende Entscheidungen bei anderen Kostenpositionen ausbleiben.

Wohnraummietvertrag: Frischwasser und Schmutzwasser in der Betriebskostenabrechnung

Datum der Entscheidung: 15.07.2009

Aktenzeichen des Gerichts: VIII ZR 340/08

Einleitung

Wie auch bei der vorangegangenen Entscheidung hat der BGH Klarstellung zur Abrechnung verschiedener Kosten unter einer Position vorgenommen.

Die Entscheidung

Der Vermieter kann Kosten für Frischwasser und Schmutzwasser bei der Betriebskostenabrechnung in einer Summe zusammenfassen. Voraussetzung ist, dass die Umlage dieser Kosten einheitlich nach dem durch Zähler erfassten Frischwasserverbrauch vorgenommen wird.

PRAXISTIPP

Wie auch bei der vorangegangenen Entscheidung zu Versicherungen hat der BGH die Abrechnung auch bei Wasserkosten vereinfacht. Sollten getrennte Rechnungen vorliegen, sollte aber auch getrennt abgerechnet werden.

Wohnraummietvertrag: Ermittlung der Wohnfläche

Datum der Entscheidung: 22.04.2009

Aktenzeichen des Gerichts: VIII ZR 86/08

Einleitung

Zahlreiche Betriebskostenabrechnungen erfolgen nach Verbrauch und teilweise auch sehr oft zumindest in wesentlichen Teilen nach Wohnfläche. Streitig ist daher oftmals, wie die Wohnfläche ermittelt werden muss. Es gibt gesetzliche Regelungen und verschiedene DIN-Vorschriften.

Die Entscheidung

Die Ermittlung einer Wohnfläche richtet sich mangels anderweitiger Regelung nach den für den preisgebundenen Wohnraum maßgeblichen Bestimmungen.

PRAXISTIPP

Um Klarheit zu verschaffen sollte daher im Mietvertrag eine Regelung zur maßgeblichen Ermittlungsvorschrift getroffen werden.

Wohnraummietvertrag: Kosten des Aufzugs

Datum der Entscheidung: 08.04.2009

Aktenzeichen des Gerichts: VIII ZR 128/08

Einleitung

In der Regel hat ein Mieter auch Aufzugskosten zu tragen, wenn auch nur die theoretische Möglichkeit einer Aufzugsnutzung besteht.

Die Entscheidung

Regelungen in Wohnraummietverträgen, durch die Mieter mit Kosten für einen Aufzug belastet werden, der sich in einem anderen Gebäudeteil befindet, sind unwirksam.

PRAXISTIPP

Ein Erdgeschossmieter darf jedoch auch mit Kosten eines Aufzugs belastet werden, wenn z. B. die theoretische Möglichkeit besteht, dass der Mieter vielleicht Getränkekästen oder ähnliches mit dem Aufzug in den Keller fährt. Der Aufzug muss also für den Mieter tatsächlich in einem anderen Gebäudeteil und damit in jeder Hinsicht nicht nutzbar sein, um eine Umlegbarkeit auszuschließen.

Wohnraummietvertrag: Frist zur Betriebskostenabrechnung; Verzögerung auf dem Postweg

Datum der Entscheidung: 21.01.2009

Aktenzeichen des Gerichts: VIII ZR 107/08

Einleitung

Die Abrechnungsfrist von einem Jahr ist durch den Vermieter unbedingt einzuhalten, da im Wohnraum andernfalls der Vermieter mit Nachforderungen ausgeschlossen ist.

Die Entscheidung

Die Frist zur Betriebskostenabrechnung von einem Jahr ist nur eingehalten, wenn die Abrechnung dem Mieter noch in der Frist **zugeht**. Bei Versand über die Post hat der Vermieter eine von der Post verschuldete verspätete Zustellung auch dann zu vertreten, wenn unerwartete und nicht vorhersehbare Verzögerungen gegeben sind.

PRAXISTIPP

Der Vermieter muss also unbedingt darauf achten, dass die Abrechnung fristgerecht zugeht. Dies muss nachweisbar sein. Nachweisliche Zustellungen sind möglich durch Einschreiben mit Rückschein, Empfangsbestätigung, Zustellung per Gerichtsvollzieher oder Zustellung per Boten.

Wohnraummietvertrag: Abgrenzung zwischen formeller und materieller Richtigkeit

Datum der Entscheidung: 19.11.2008

Aktenzeichen des Gerichts: VIII ZR 295/07

Einleitung

Die Unterscheidung zwischen materieller und formeller Wirksamkeit, bzw. Unwirksamkeit ist von großer Bedeutung. Im Falle formeller Unwirksamkeit gilt die Betriebskostenabrechnung als nicht erstellt. Nach Ablauf der Abrechnungsfrist von einem Jahr wäre der Vermieter daher mit Nachforderungen ausgeschlossen. Die materielle Fehlerhaftigkeit führt dagegen dazu, dass die Nebenkostenabrechnung erstellt ist. Es wird nur über die Höhe eventueller Nach- oder Rückzahlungen zu diskutieren sein. Allerding gilt auch hier, dass der Vermieter nach Ablauf der Abrechnungsfrist zwar noch die bereits berechneten Nachforderungen durchsetzen kann aber im dem Fall, dass er sich zu seinem Nachteil verrechnet hatte, keine weiteren Nachzahlungen darüber hinaus fordern kann.

Die Entscheidung

Formelle Wirksamkeit einer Nebenkostenabrechnung ist gegeben, wenn der durchschnittliche Mieter in der Lage ist, die Art des Verteilerschlüssels zu erkennen und den auf ihn entfallenden Anteil an den Gesamtkosten rechnerisch nachvollziehen zu können. Die materielle Wirksamkeit ist betroffen, wenn die abgerechneten Positionen dem Ansatz und der Höhe nach nicht zu Recht bestehen oder sonstige Mängel der Abrechnung gegeben sind.

PRAXISTIPP

Der Vermieter muss wegen der Besonderheit der Folgen formeller Fehlerhaftigkeit unbedingt größte Sorgfalt auf die Erstellung der Nebenkostenabrechnung verwenden.

Wohnraummietvertrag: Entbehrlichkeit der Erläuterung eines Verteilungsmaßstabes

Datum der Entscheidung: 19.11.2008

Aktenzeichen des Gerichts: VIII ZR 295/07

Einleitung

Zu den Grundvoraussetzungen einer formell wirksamen Betriebskostenabrechnung gehört bei Eigentumswohnungen die Angabe der Verteilungsschlüssel. Die Betriebskostenabrechnung muss ohne Zuhilfenahme weiterer Informationsquellen aus sich heraus verständlich sein und eine Kontrolle mittels eines Taschenrechners ermöglichen.

Die Entscheidung

Allgemein verständliche Verteilungsmaßstäbe bedürfen keiner Erläuterung (Rn.21)

PRAXISTIPP

Allgemein verständliche Verteilungsschlüssel sind zum Beispiel: „Verbrauch", „Wohnfläche", „Personen", „Anzahl der Wohnungen" und auch „MEA" für Miteigentumsanteil. Der Vermieter sollte stets davon Abstand nehmen, eigene Verteilerschlüssel zu kreieren oder exotische Abkürzungen zu verwenden. Im Zweifel sollte auf der Nebenkostenabrechnung eine Erläuterung der Verteilerschlüssel angegeben sein.

Wohnraummietvertrag: Zur Umlage von Kosten der Gartenpflege

Datum der Entscheidung: 29.09.2008

Aktenzeichen des Gerichts: VIII ZR 124/08

Einleitung

Grundsätzlich gehören Kosten der Gartenpflege zu Nebenkosten. Bei Einfamilienhäusern und Erdgeschosswohnungen wird die Pflege des Gartens oftmals auf die Mieter übertragen.

Die Entscheidung

Ist die Gartenpflege wirksam auf den Mieter übertragen, können Kosten der Gartenpflege, die der Vermieter selbst ausgeführt hat, nicht in umgelegt werden. Eine Ausnahme ist gegeben, wenn der Vermieter die Voraussetzungen für eine Ersatzvornahme geschaffen hat.

PRAXISTIPP

Die Gartenpflege ist also Sache des Mieters. Sollte der Mieter sich nicht um den Garten kümmern, kann der Vermieter dem Mieter Frist zur Erfüllung der Verpflichtung zur Gartenpflege setzen und nach Ablauf der Frist im Wege der Ersatzvornahme die Gartenarbeiten ausführen. In diesem Fall handelt es sich nicht um Nebenkosten, sondern um eine Schadensersatzposition, welche bei dem Mieter durchgesetzt werden kann.

Mieterhöhung

Erhöhung einer Brutto- bzw. Teilinklusivmiete

Datum der Entscheidung: 20.01.2010

Aktenzeichen des Gerichts: VIII ZR 141/09

Einleitung

Bei einer Bruttomiete, bzw. Teilinklusivmiete ist ein Gesamtbetrag für die Miete zu entrichten, die teilweise aus einem Nettomietanteil besteht und zu einem anderen Teil aus Betriebskostenzahlung. Eine genaue Aufgliederung in Nettomiet- und Betriebskostenanteil ist nicht vereinbart. Es wird nur ein Gesamtbetrag entrichtet.

Im Falle einer Mieterhöhung, kann diese sich nur auf den Mietanteil beziehen. Der Vermieter muss also bei einer Mieterhöhung den rechnerisch enthaltenen Betriebskostenanteil abziehen.

Die Entscheidung

Bei Erhöhung einer Brutto- oder Teilinklusivmiete kann der Vermieter die Berechnung der enthaltenen Nebenkostenanteile noch im Rechtsstreit über die Mieterhöhung nachholen.

PRAXISTIPP

Die Entscheidung erleichtert die Mieterhöhung, so dass fehlende Ausführungen noch nachgeholt werden können. Dennoch sollte dringend davon abgesehen werden, eine Bruttomiete oder Teilinklusivmiete zu vereinbaren. Im Zweifel sollte lieber eine Nettomiete mit betragsmäßig ausgewiesener Pauschale für die Betriebskosten vereinbart werden. Auf diese Weise erspart sich der Vermieter ebenfalls Abrechnungen, kann aber deutlich einfacher und sicherer die Miete erhöhen.

Wohnraummietvertrag: Mieterhöhung anhand Sachverständigengutachten

Datum der Entscheidung: 21.10.2009

Aktenzeichen des Gerichts: VIII ZR 30/09

Einleitung

Bei einer Mieterhöhung kommen drei Begründungsmöglichkeiten für die Mieterhöhung in Betracht:

#. Mietspiegel

#. Sachverständigengutachten

#. Drei Vergleichswohnungen

Oftmals gibt es eine gewisse Spanne, in welcher sich die angemessene Miete bewegt.

Die Entscheidung

Der Vermieter darf auch bei Nutzung des Begründungsmittels des Sachverständigengutachtens die Miete bis zum **oberen Wert** der Bandbreite der ortsüblichen Vergleichsmiete anheben..

PRAXISTIPP

Bisher galt eher die Ansicht, dass die Miete jeweils nur bis zum unteren Rand der Bandbreite erhöht werden kann. Insofern handelt es sich um eine Wende sehr zu Gunsten der Vermieterseite.

Wohnraummietvertrag: Mietspiegel muss bei Mieterhöhung nicht beigefügt werden

Datum der Entscheidung: 30.09.2009

Aktenzeichen des Gerichts: VIII ZR 276/08

Einleitung

Die Mieterhöhung muss ausführlich begründet werden. Innerhalb der Begründung muss klargestellt werden, in welcher Rubrik die Wohnung im Mietspiegel einzuordnen ist.

Die Entscheidung

Nimmt der Vermieter zur Begründung der Mieterhöhung auf den Mietspiegel Bezug muss dieser bei der Mieterhöhung nicht beigefügt werden.

PRAXISTIPP

Hintergrund der Entscheidung ist, dass der Mietspiegel in der Regel kostengünstig und leicht für jedermann erhältlich ist. Sollte dies im Einzelfall nicht zutreffen, so wäre der Mietspiegel trotz dieser Entscheidung bei der Mieterhöhung beizufügen.

Wohnraummietvertrag: Mieterhöhung bei Abweichung vereinbarter zu tatsächlicher Wohnfläche

Datum der Entscheidung: 08.07.2009

Aktenzeichen des Gerichts: VIII ZR 205/08

Einleitung

Oftmals werden in Mietverträgen Quadratmeterangaben vorgenommen. Wenn sich dann herausstellt, dass die tatsächliche Mietfläche geringer ist, als die vereinbarte Wohnfläche, stellt sich die Frage, welche Fläche bei einer Mieterhöhung zu Grunde zu legen ist.

Die Entscheidung

Bei einer Mieterhöhung gilt die vereinbarte Wohnfläche statt der tatsächlich vereinbarten Wohnfläche, wenn die Abweichung unter 10% liegt.

PRAXISTIPP

Wesentlich ist also eine Grenze von 10%. Im Falle der Unterschreitung der vereinbarten Fläche um mehr als 10% ist nicht nur bei einer Mieterhöhung die niedrigere Fläche zu Grunde zu legen, sondern der Mieter kann auch die Miete –sogar rückwirkend- prozentual entsprechend dauerhaft mindern. Der Vermieter ist also gut beraten, möglichst gar keine Wohnflächenangaben in den Mietvertrag aufzunehmen.

Wohnraummietvertrag: Mietforderungen im Urkundenprozess

Datum der Entscheidung: 08.07.2009

Aktenzeichen des Gerichts: VIII ZR 200/08, VIII ZR 266/08

Einleitung

Ein Urkundenprozess bedeutet, dass im Rahmen einer Klage Beweismittel wie Sachverständigengutachten oder Zeugen-vernehmungen ausscheiden. Der Klageanspruch muss allein mit Urkunden belegt werden können.

Die Entscheidung

Mietrückstände können im Urkundenprozess durchgesetzt werden. Dies gilt auch, wenn der Mieter Mängel behauptet, die Wohnung aber zunächst abgenommen hatte.

PRAXISTIPP

Vermieter sollten bei bestehenden Mietrückständen stets an die Möglichkeit des Urkundenprozesses denken. Dieser ist im Vergleich zum „regulären" Prozess deutlich schneller abgeschlossen und führt zu einem vollstreckbaren Titel.

Gewerberaummietvertrag: Auslegung einer Klausel zu Lebenshaltungskostenindex für einen 4-Personen-Arbeitnehmer-Haushalt

Datum der Entscheidung: 04.03.2009

Aktenzeichen des Gerichts: XII ZR 141/07

Einleitung

In der Vergangenheit wurde in der Regel der Index für die Lebenshaltung eines 4-Personen-Arbeitnehmer-Haushalts als Basis für Indexierungen vereinbart. Dieser ist jedoch nunmehr weggefallen.

Die Entscheidung

Haben die Parteien eines gewerblichen Mietvertrages vereinbart, dass bei einer bestimmten Veränderung des

„Index für die Lebenshaltung eines 4-Personen-Arbeitnehmer-Haushalts"

auch die Miete zu ändern ist, wird durch Auslegung an Stelle dieses weggefallenen Indexes der allgemeine

Verbraucherpreisindex

angewendet.

PRAXISTIPP

Indexierungen sind im gewerblichen Bereich die Regel. Zu berücksichtigen ist, dass hierdurch nur ein Inflationsausgleich stattfindet. Eine tatsächliche Mieterhöhung erfolgt hierdurch nicht. Wenn die Parteien eine Mieterhöhung über den Inflationsausgleich hinaus vereinbaren wollen, empfiehlt sich eine Staffelmiete.

Wohnraummietvertrag: Mieterhöhung wegen Modernisierung

Datum der Entscheidung: 17.12.2008

Aktenzeichen des Gerichts: VIII ZR 41/08, VIII ZR 84/08

Einleitung

Der Vermieter kann Kosten für Modernisierungsmaßnahmen auf den Mieter umlegen, wenn Maßnahmen durchgeführten die

* zu Energieeinsparungen führen,
* den Wohnwert erhöhen oder
* auf Grund einer gesetzlichen Verpflichtung durchgeführt werden.

Die Entscheidung

Der Vermieter kann die Miete nach durchgeführter Modernisierung des Mietobjektes nur insoweit erhöhen, als die für die Sanierung aufgewendeten Kosten notwendig waren.

PRAXISTIPP

Unnötige, unzweckmäßige oder ansonsten überhöhte Modernisierungsaufwendungen hat der Mieter nicht zu tragen. Es ist also vor „Luxusmodernisierungen" zu warnen.
Der Vermieter kann 11% der umlegbaren Kosten an die Mieter weiter reichen. Die Mieterhöhung gilt aber nicht nur bis zur Amortisation der Kosten, sondern dauerhaft.

Wohnraummietvertrag: Mieterhöhung bei Einfamilienhaus per Mietspiegel

Datum der Entscheidung: 17.09.2008

Aktenzeichen des Gerichts: VIII ZR 58/08

Einleitung

Mietspiegel beinhalten oftmals keine Angaben für Einfamilienhäuser, da diese sehr individuell sind und nicht die Masse der Mietverhältnisse stellen.

Die Entscheidung

Der Vermieter eines Einfamilienhauses kann eine Mieterhöhung auch dann über einen Mietspiegel begründen, wenn dieser keine Angaben zu Einfamilienhäusern enthält. Dies gilt jedenfalls dann, wenn die geforderte Miete innerhalb der Mietpreisspanne für Wohnungen in Mehrfamilienhäusern liegt.

PRAXISTIPP

Die Entscheidung erleichtert den Vermietern von Einfamilienhäusern erheblich die Möglichkeit einer Mieterhöhung, da andernfalls nur die Begründungsmittel des Sachverständigengutachtens und der Vergleichs"-wohnungen" denkbar wären. Vergleichbare Mietobjekte bei Einfamilienhäusern sind schwieriger zu finden und die Kosten eines Sachverständigengutachtens können bei einer Mieterhöhung nicht an den Mieter weitergegeben werden.

Wohnraummietvertrag: Unwirksame Renovierungsklausel = Mieterhöhung?

Datum der Entscheidung: 09.07.2008

Aktenzeichen des Gerichts: VIII ZR 83/07

Einleitung

In den letzten Jahren hat der BGH zahlreiche Renovierungsklausel als unwirksam angesehen. (Siehe hierzu Kapitel „Schönheitsrenovierung").

Dies kam für zahlreiche Vermieter überraschend. In Hinblick darauf, dass die Durchführung der Renovierungen durch den Mieter für den Vermieter Kalkulationsgrundlage auch bei der Miethöhe war, wurde diskutiert, ob eine unwirksame Renovierungsklausel zu einer Mieterhöhung – z. B. im Wege der ergänzenden Vertragsauslegung- führen könnte.

Die Entscheidung

Ein Vermieter kann **keinen** Zuschlag zur ortsüblichen Vergleichsmiete verlangen, wenn die Renovierungsklausel des Mietvertrages unwirksam ist.

PRAXISTIPP

Es gibt also nun höchstrichterlich geklärt keine Möglichkeit der Schadensreduzierung für Vermieter. Man kann daher nur darauf achten, für zukünftige Mietverträge wirksame Renovierungsklauseln zu vereinbaren. Es ist dringend davor abzuraten, wirksame formularmäßige Renovierungsklauseln selbst abzuändern, da dies in beinahe allen Fällen wieder zur Unwirksamkeit der Renovierungsklausel führt.

Wohnraummietvertrag: Mieterhöhung bei Teilinklusivmiete – zweiter Teil

Datum der Entscheidung: 08.07.2008

Aktenzeichen des Gerichts: VIII ZR 4/08

Einleitung

Bei einer Teilinklusivmiete muss im Rahmen einer Mieterhöhung die Nettomiete von dem Betriebskostenanteil getrennt dargestellt werden. Andernfalls kann eine Mieterhöhung nicht durchgesetzt werden.

Die Entscheidung

Der Betriebskostenanteil, der bei einer Mieterhöhung herauszurechnen ist, ergibt sich aus der Nebenkostenabrechnung des Vorjahres.

PRAXISTIPP

Von der Vereinbarung einer Teilinklusivmiete ist dringend abzuraten. Es kann derart erheblich über die richtige Berechnung des Betriebskostenanteils diskutiert werden, dass Mieterhöhungen kaum wirksam durchgeführt und durchgesetzt werden können.

Beendigung des Mietverhältnisses

Eigenbedarfskündigung für Nichten und Neffen

Datum der Entscheidung: 27.01.2010

Aktenzeichen des Gerichts: VIII ZR 159/09

Einleitung

Eigenbedarf kann nur für den Vermieter selbst oder für nahe Angehörige ausgesprochen werden.

Die Entscheidung

Nichten und Neffen des Vermieters sind bei einer Eigenbedarfskündigung auch Familienangehörige, für welche Eigenbedarf geltend gemacht werden kann.

PRAXISTIPP

Grundsätzlich nie zulässig sind Eigenbedarfskündigungen für GmbHs oder andere Gesellschaften. Gesellschaften „wohnen" nicht.

Wohnraummietvertrag: Fristlose Kündigung

Datum der Entscheidung: 24.11.2009

Aktenzeichen des Gerichts: VIII ZR 174/09

Einleitung

Fristlose Kündigungen wegen nachhaltiger Störung des Hausfriedens sind häufig. Zu denken ist in erster Linie an Ruhestörungen. Bei solchen durch erwachsene Mieter ist in der Regel bei entsprechender Nachhaltigkeit eine Kündbarkeit gegeben. Problematisch ist dies bei behinderten Mietern.

Die Entscheidung

Auch bei der Störung des Hausfriedens durch einen behinderten Sohn des Mieters hat das Gericht, wie immer bei der Frage der Berechtigung einer fristlosen Kündigung wegen Störung des Hausfriedens durch einen psychisch kranken Mieter, die Interessen des Vermieters, des Mieters und der anderen Mieter gegeneinander abzuwägen.

PRAXISTIPP

Eine Kündigung eines behinderten Mieters ist daher von den Erfolgsaussichten her schwierig einzuschätzen. Nahezu unmöglich ist eine Kündigung wegen Kinderlärms.

Wohnraummietvertrag: Rechtsmissbräuchlichkeit außerordentlicher Kündigung wegen Verweigerung der Untervermietungserlaubnis

Datum der Entscheidung: 11.11.2009

Aktenzeichen des Gerichts: VIII ZR 294/08

Einleitung

Grundsätzlich benötigt der Mieter, welcher eine Untervermietung beabsichtigt, eine schriftliche Erlaubnis des Vermieters. Verweigert der Vermieter jedoch pauschal und ohne Berücksichtigung des Einzelfalles die Erlaubnis, so steht dem Mieter ein außerordentliches Kündigungsrecht zu.

Die Entscheidung

Die außerordentliche Kündigung eines Mietvertrages wegen unberechtigter Verweigerung der Erlaubnis zur Untervermietung ist rechtsmissbräuchlich, wenn der Mieter weiß, dass der Untermieter kein wirkliches Mietinteresse hat.

PRAXISTIPP

Die Anfrage an den Vermieter zur Erlaubnis einer Untervermietung kann durch einen Mieter gestellt werden, um ein Sonderkündigungsrecht zu erhalten. Hierbei handelt es sich oftmals nur um einen Trick, um das Mietverhältnis beenden zu können. Der Vermieter muss sich hiergegen zur Wehr setzen, indem im Vorfeld niemals generell die Untervermietungserlaubnis verweigert wird. Besser wäre es, prinzipiell die Untervermietung zu erlauben, aber im Einzelfall sich ein Ablehnungsrecht aus besonderem Grund vorzubehalten. Wenn dies versäumt wurde und der Mieter von seinem Kündigungsrecht Gebrauch macht, bleibt nur noch, entsprechend vorliegender BGH-Entscheidung zu bestreiten, dass der angebliche Untermieter tatsächliches Anmietinteresse hatte.

Wohnraummietvertrag: Eigenbedarfskündigung durch eine Gesellschaft bürgerlichen Rechts / Sperrfrist

Datum der Entscheidung: 16.07.2009

Aktenzeichen des Gerichts: VIII ZR 231/08

Einleitung:

Wenn ein Mehrfamilienhaus in Wohnungseigentum umgewandelt wurde und ein Mieter zu diesem Zeitpunkt bereits Mieter war, so greift zu dessen Gunsten eine Kündigungssperrfrist von mehreren Jahren, welche ab dem ersten Verkaufsfall zu laufen beginnt.

Hintergrund hierfür ist, dass Mieter vor spekulativen Aufkäufen und Aufteilungen von Häusern mit anschließender Kündigung der Mietverhältnisse geschützt werden sollen.

Die Entscheidung

Bei einer Kündigung durch eine Gesellschaft bürgerlichen Rechts wegen Eigenbedarfs eines Gesellschafters finden die gesetzlichen Vorgaben zur Kündigungssperrfrist **keine** Anwendung.

PRAXISTIPP

Wie oben dargestellt, kann eine GmbH nicht kündigen weil eine Kapitalgesellschaft nicht „wohnt". Bei einer Gesellschaft bürgerlichen Rechts gilt dies nicht, da es sich um eine Personengesellschaft handelt. Eine GbR kann also wegen Eigenbedarfs kündigen.

Räumungsvollstreckung: Reduzierung der Kosten einer Zwangsräumung durch Ausübung des Vermieterpfandrechts

Datum der Entscheidung: 16.07.2009

Aktenzeichen des Gerichts: I ZB 80/05

Einleitung

Wenn der Vermieter nach Kündigung einen Räumungstitel erstritten hat, kann dieser eine zwangsweise Räumung nicht eigenhändig durchführen, sondern muss sich staatlicher Hilfe in Form des Gerichtsvollziehers bedienen. „Gewaltmonopol des Staates".

Der Gerichtsvollzieher wird eine Zwangsräumung mit Hilfe einer Spedition durchführen. Hierfür fallen bei Wohnungen schnell Kosten in Höhe von € 3.000,00 und bei Häusern bis zu € 8.00,00 und mehr an. Bei Zahlungsunfähigkeit des ehemaligen Mieters kommt es häufig vor, dass der Vermieter diese Kosten nicht eintreiben kann.

Es stellt sich also die Frage, ob und wie diese Kosten reduziert werden können.

Die Entscheidung

Der Vermieter kann die Zwangsvollstreckung auf die Herausgabe der Wohnung beschränken, wenn er das Vermieterpfandrecht ausgeübt hat.

PRAXISTIPP

In der Praxis wird also der Vermieter den Mieter anschreiben und mitteilen, dass er von seinem Vermieterpfandrecht Gebrauch macht. Es wird dem Mieter also untersagt, seine Möbel aus den Mieträumen zu entfernen. Der Gerichtsvollzieher wird dann nicht mehr mit der Räumung der Wohnung durch eine Spedition beauftragt, sondern nur zur Öffnung der Wohnung. Der Vermieter muss sich dann aber selbst um die Räumung kümmern.
Die Kosten hierfür belaufen sich dann auf wenige hundert Euro.

Gewerberaummietvertrag: Einstellung von Versorgungsleistungen nach beendetem Mietverhältnis

Datum der Entscheidung: 06.05.2009

Aktenzeichen des Gerichts: XII ZR 137/07

Einleitung

Für den Vermieter eines wegen Zahlungsverzuges beendeten Mietverhältnisses stellt es ein großes Ärgernis dar, den nicht zahlenden Mieter nach wirksamer Kündigung noch mit Heizung, Wasser und Strom etc. (unentgeltlich) zu versorgen.

Die Entscheidung

Nach fristloser Kündigung eines Mietverhältnisses wegen Zahlungsverzugs ist der ehemalige Vermieter nicht verpflichtet, den ehemaligen Mieter weiter mit Versorgungsleistungen zu versehen.

PRAXISTIPP

Bei Gewerberaum ist also nun klargestellt, dass der Vermieter nach wirksamer Kündigung die Versorgungsleistungen einstellen kann. Ähnliches gilt bei Wohnungseigentümergemeinschaften, wenn ein Wohnungseigentümer erhebliche Wohngeldrückstände hat auflaufen lassen.
Achtung: Bei Wohnraummietverhältnissen ist hier größte Vorsicht geboten. Hier sollte ein Vermieter im Zweifel die Versorgungsleistungen aufrecht erhalten. Andernfalls droht eine einstweilige Verfügung.

Wohnraummietvertrag: nach Eigenbedarfskündigung

Schadensersatz vorgetäuschter

Datum der Entscheidung: 08.04.2009

Aktenzeichen des Gerichts: VIII ZR 231/07

Einleitung

Oftmals verfallen Vermieter auf den Gedanken, unliebsame Mieter, welche eigentlich nicht gekündigt werden können, mit der Begründung von Eigenbedarf zu kündigen.

Die Entscheidung

Einem Mieter, der wegen einer vorgetäuschten Eigenbedarfskündigung auszieht, stehen Schadensersatzansprüche zu. Dies gilt auch wenn die Kündigung zwar formell unwirksam war, dem Mieter aber außerhalb der Kündigung glaubwürdige Ausführungen zu dem Eigenbedarfsgrund gemacht wurden.

PRAXISTIPP

Vor einer vorgetäuschten Eigenbedarfskündigung ist dringend zu warnen. Wenn der Mieter nachweisen kann, dass die Kündigung vorgeschoben war, kann dieser gegen den Vermieter Schadensersatz geltend machen, Wiedereinräumung des Besitzes der Wohnung fordern und auch strafrechtliche Schritte einleiten.

Wohnraummietvertrag: Fristlose Kündigung wegen Zahlungsverzuges

Datum der Entscheidung: 11.03.2009

Aktenzeichen des Gerichts: VIII ZR 115/08

Einleitung

Grundsätzlich sind fristlose Kündigungen eines Mietverhältnisses zeitnah nach Kenntniserlangung der die Kündigung rechtfertigenden Umstände auszusprechen. Insoweit wird auf entsprechende Regelungen im Arbeitsrecht verwiesen.

Hintergrund dieser Notwendigkeit zeitnaher Kündigung ist der Gedanke, dass ein Vertragsverstoß kaum monatelang hingenommen werden kann, um dann „plötzlich" so schwerwiegend zu sein, dass das Abwarten der ordnungsgemäßen Kündigungsfrist nicht mehr zumutbar ist.

Die Entscheidung

Ein fristlose Kündigung wegen Zahlungsverzuges ist nicht unwirksam, weil sie nicht innerhalb einer angemessenen Frist ab Kenntniserlangung des Vermieters von dem Kündigungsgrund erfolgt wäre, wenn ein Vertrauen des Mieters, der Vermieter werde einen weiteren Mietrückstand hinnehmen, nicht nachvollziehbar ist.

PRAXISTIPP

Bei Zahlungsverzug ist die Kündigung also nicht notwendigerweise zeitnah auszusprechen. Ein Mieter kann in der Regel nicht davon ausgehen, dass der Vermieter durch reine Untätigkeit signalisieren will, dass die Mietrückstände nicht erheblich seien.

Wohnraummietvertrag:
Eigenbedarfskündigung für Schwager

Datum der Entscheidung: 03.03.2009

Aktenzeichen des Gerichts: VIII ZR 247/08

Einleitung

Wie bereits dargestellt, kann Eigenbedarf nur für den Vermieter selbst oder nahe Angehörige geltend gemacht werden.

Die Entscheidung

Auch für einen Schwager des Vermieters kann Eigenbedarf geltend gemacht werden, wenn ein besonders enger Kontakt zwischen Vermieter und Schwager besteht.

PRAXISTIPP

Die Tendenz des BGH geht also dahin, den Kreis der Berechtigten für eine Eigenbedarfskündigung auszuweiten.

Wohnraummietvertrag: Kündigung wegen Hinderung an angemessener wirtschaftlicher Verwertung

Datum der Entscheidung: 28.01.2009

Aktenzeichen des Gerichts: VIII ZR 8/08

Einleitung

Der Vermieter benötigt für die Kündigung eines Wohnraummietverhältnisses stets ein berechtigtes Interesse, wie Eigenbedarf.

Auch erhebliche Sanierungsarbeiten können aber im Einzelfall zu einem berechtigten Interesse wegen einer Hinderung an angemessener wirtschaftlicher Verwertung führen.

Die Entscheidung

Ist wegen des Alters und schlechten baulichen Zustands eines Gebäudes eine "Vollsanierung" oder ein Abriss mit anschließender Errichtung eines Neubaus geboten, kann eine Kündigung wegen einer Hinderung an angemessener wirtschaftlicher Verwertung gegeben sein.

PRAXISTIPP

Der BGH hat die Möglichkeit zur Kündigung aus wirtschaftlichen Gründen nun erweitert.

Wohnraummietvertrag: Wertersatz für Investitionen des Mieters in die Mietsache

Datum der Entscheidung: 16.12.2008

Aktenzeichen des Gerichts: VIII ZR 306/06

Einleitung

Oftmals investieren Mieter in das Mietobjekt im Vertrauen auf eine lange Mietdauer. Wenn entsprechende Regelungen im Mietvertrag getroffen sind, kann der Mieter hierfür Wertersatz verlangen.

Die Entscheidung

Bei der Ermittlung der Höhe des Wertersatzes für Verwendungen des Mieters auf die Mietsache kommt es auf die Erhöhung des Verkehrswertes des Gebäudes an.

PRAXISTIPP

Entscheidend ist also nicht, welchen Betrag der Mieter investiert hat, sondern in welcher Höhe eine Wertsteigerung der Immobilie durch die Investitionen eingetreten ist. Dies ist oftmals nicht gegeben.

Qualifizierter Zeitmietvertrag: ordentliche Kündigung möglich?

Datum der Entscheidung: 16.09.2008

Aktenzeichen des Gerichts: VIII ZR 112/08

Einleitung

Mieter und Vermieter können vertraglich vereinbaren, dass das Mietverhältnis nach einer gewissen Zeit endet, wenn danach zum Beispiel Eigenbedarf des Vermieters vorgesehen ist. Nur in diesem Fall ist eine Befristung des Mietvertrages bereits bei Vertragsabschluss möglich.

Die Entscheidung

Ein qualifizierter Zeitmietvertrag kann nicht durch ordentliche Kündigung beendet werden.

PRAXISTIPP

Mieter sind also davor zu warnen, unbesehen einen qualifizierten Zeitmetvertrag zu unterschreiben. Wenn der Vermieter auf eine solche Regelung Wert legt, um eine Beendigung später herbeiführen zu können, sollte der Mieter ausdrücklich in den Mietvertrag aufnehmen, dass er zur vorzeitigen Kündigung berechtigt sein soll.

Wohnraummietvertrag: Zur Kündigung eines Altmietvertrages auf bestimmte Zeit mit Verlängerungsklausel

Datum der Entscheidung: 21.07.2008

Aktenzeichen des Gerichts: VIII ZR 249/07

Einleitung

Nach altem Recht war es zulässig, Mietverträge von bestimmter Dauer zu vereinbaren und insofern das Kündigungsrecht des Mieters auszuschließen. Heute kann dieses Ziel durch den wechselseitigen Verzicht auf das Recht zur ordentlichen Kündigung erreicht werden.

Die Entscheidung

Ein vor der Mietrechtsreform wirksam abgeschlossenes Mietverhältnis über Wohnraum, welches auf bestimmte Zeit eingegangen und bei dem vereinbart ist, dass es sich ohne Kündigung jeweils um einen bestimmten Zeitraum verlängert, kann trotz der Mietrechtsreform nur zu dem im Vertrag vereinbarten Ablauftermin gekündigt werden.

PRAXISTIPP

Bei Altmietverträgen gelten also die vertraglich vereinbarten Kündigungsfristen.

Abgrenzung zwischen Wohnraum- und Geschäftsraummietverhältnis

Datum der Entscheidung: 16.07.2008

Aktenzeichen des Gerichts: VIII ZR 282/07

Einleitung

In der Praxis werden Immobilien des Öfteren teilweise gewerblich, als auch zu Wohnraumzwecken genutzt. Es stellt sich dann die Frage, ob es sich insgesamt um ein Wohnraum- oder um ein Gewerberaummietverhältnis handelt. Eine rechtliche Vermischung ist nicht zulässig.

Die Entscheidung

Mietet eine juristische Person eine Immobilie an, um es sowohl als Büroraum für ihren Geschäftsbetrieb zu nutzen, als auch ihrem Geschäftsführer als Wohnung zur Verfügung zu stellen, handelt es sich insgesamt um ein gewerbliches Mietverhältnis.

PRAXISTIPP

Die Parteien haben also darauf zu achten, ob diese ein gewerbliches oder ein Wohnraummietverhältnis begründen wollen. Entscheidend ist nicht die Bezeichnung im Mietvertrag, sondern der tatsächliche Parteiwille. An diese Frage knüpfen Kündigungsmöglichkeiten, Mieterhöhungsmöglichkeiten und zahlreiche weitere entscheidende Rechtsfragen an.

ANHANG

Mietrechtliche Vorschriften des BGB

§ 535 BGB — Inhalt und Hauptpflichten des Mietvertrags

(1) Durch den Mietvertrag wird der Vermieter verpflichtet, dem Mieter den Gebrauch der Mietsache während der Mietzeit zu gewähren. Der Vermieter hat die Mietsache dem Mieter in einem zum vertragsgemäßen Gebrauch geeigneten Zustand zu überlassen und sie während der Mietzeit in diesem Zustand zu erhalten. Er hat die auf der Mietsache ruhenden Lasten zu tragen.

(2) Der Mieter ist verpflichtet, dem Vermieter die vereinbarte Miete zu entrichten.

§ 536 BGB — Mietminderung bei Sach- und Rechtsmängeln

(1) Hat die Mietsache zur Zeit der Überlassung an den Mieter einen Mangel, der ihre Tauglichkeit zum vertragsgemäßen Gebrauch aufhebt, oder entsteht während der Mietzeit ein solcher Mangel, so ist der Mieter für die Zeit, in der die Tauglichkeit aufgehoben ist, von der Entrichtung der Miete befreit. Für die Zeit, während der die Tauglichkeit gemindert ist, hat er nur eine angemessen herabgesetzte Miete zu entrichten. Eine unerhebliche Minderung der Tauglichkeit bleibt außer Betracht.

(2) Absatz 1 Satz 1 und 2 gilt auch, wenn eine zugesicherte Eigenschaft fehlt oder später wegfällt.

(3) Wird dem Mieter der vertragsgemäße Gebrauch der Mietsache durch das Recht eines Dritten ganz oder zum Teil entzogen, so gelten die Absätze 1 und 2 entsprechend.

(4) Bei einem Mietverhältnis über Wohnraum ist eine zum Nachteil des Mieters abweichende Vereinbarung unwirksam.

§ 557 BGB — Mieterhöhungen nach Vereinbarung oder Gesetz

(1) Während des Mietverhältnisses können die Parteien eine Erhöhung der Miete vereinbaren.

(2) Künftige Änderungen der Miethöhe können die Vertragsparteien als Staffelmiete nach § 557a oder als Indexmiete nach § 557b vereinbaren.

(3) Im Übrigen kann der Vermieter Mieterhöhungen nur nach Maßgabe der §§ 558 bis 560 verlangen, soweit nicht eine Erhöhung durch Vereinbarung ausgeschlossen ist oder sich der Ausschluss aus den Umständen ergibt.

(4) Eine zum Nachteil des Mieters abweichende Vereinbarung ist unwirksam.

§ 557a BGB — Staffelmiete

(1) Die Miete kann für bestimmte Zeiträume in unterschiedlicher Höhe schriftlich vereinbart werden; in der Vereinbarung ist die jeweilige Miete oder die jeweilige Erhöhung in einem Geldbetrag auszuweisen (Staffelmiete).

(2) Die Miete muss jeweils mindestens ein Jahr unverändert bleiben. Während der Laufzeit einer Staffelmiete ist eine Erhöhung nach den §§ 558 bis 559b ausgeschlossen.

(3) Das Kündigungsrecht des Mieters kann für höchstens vier Jahre seit Abschluss der Staffelmietvereinbarung ausgeschlossen werden. Die Kündigung ist frühestens zum Ablauf dieses Zeitraums zulässig.

(4) Eine zum Nachteil des Mieters abweichende Vereinbarung ist unwirksam.

§ 557b BGB — Indexmiete

(1) Die Vertragsparteien können schriftlich vereinbaren, dass die Miete durch den vom Statistischen Bundesamt ermittelten Preisindex für die Lebenshaltung aller privaten Haushalte in Deutschland bestimmt wird (Indexmiete).

(2) Während der Geltung einer Indexmiete muss die Miete, von Erhöhungen nach den §§ 559 bis 560 abgesehen, jeweils mindestens ein Jahr unverändert bleiben. Eine Erhöhung nach § 559 kann nur verlangt werden, soweit der

Vermieter bauliche Maßnahmen auf Grund von Umständen durchgeführt hat, die er nicht zu vertreten hat. Eine Erhöhung nach § 558 ist ausgeschlossen.

(3) Eine Änderung der Miete nach Absatz 1 muss durch Erklärung in Textform geltend gemacht werden. Dabei sind die eingetretene Änderung des Preisindexes sowie die jeweilige Miete oder die Erhöhung in einem Geldbetrag anzugeben. Die geänderte Miete ist mit Beginn des übernächsten Monats nach dem Zugang der Erklärung zu entrichten.

(4) Eine zum Nachteil des Mieters abweichende Vereinbarung ist unwirksam.

§ 558 BGB — Mieterhöhung bis zur ortsüblichen Vergleichsmiete

(1) Der Vermieter kann die Zustimmung zu einer Erhöhung der Miete bis zur ortsüblichen Vergleichsmiete verlangen, wenn die Miete in dem Zeitpunkt, zu dem die Erhöhung eintreten soll, seit 15 Monaten unverändert ist. Das Mieterhöhungsverlangen kann frühestens ein Jahr nach der letzten Mieterhöhung geltend gemacht werden. Erhöhungen nach den §§ 559 bis 560 werden nicht berücksichtigt.

(2) Die ortsübliche Vergleichsmiete wird gebildet aus den üblichen Entgelten, die in der Gemeinde oder einer vergleichbaren Gemeinde für Wohnraum vergleichbarer Art, Größe, Ausstattung, Beschaffenheit und Lage in den letzten vier Jahren vereinbart oder von Erhöhungen nach § 560 abgesehen, geändert worden sind. Ausgenommen ist Wohnraum, bei dem die Miethöhe durch Gesetz oder im Zusammenhang mit einer Förderzusage festgelegt worden ist.

(3) Bei Erhöhungen nach Absatz 1 darf sich die Miete innerhalb von drei Jahren, von Erhöhungen nach den §§ 559 bis 560 abgesehen, nicht um mehr als 20 vom Hundert erhöhen (Kappungsgrenze).

(4) Die Kappungsgrenze gilt nicht,

1.

wenn eine Verpflichtung des Mieters zur Ausgleichszahlung nach den Vorschriften über den Abbau der Fehlsubventionierung im Wohnungswesen wegen des Wegfalls der öffentlichen Bindung erloschen ist und

2.

soweit die Erhöhung den Betrag der zuletzt zu entrichtenden Ausgleichszahlung nicht übersteigt.

Der Vermieter kann vom Mieter frühestens vier Monate vor dem Wegfall der öffentlichen Bindung verlangen, ihm innerhalb eines Monats über die Verpflichtung zur Ausgleichszahlung und über deren Höhe Auskunft zu erteilen. Satz 1 gilt entsprechend, wenn die Verpflichtung des Mieters zur Leistung einer Ausgleichszahlung nach den §§ 34 bis 37 des Wohnraumförderungsgesetzes und den hierzu ergangenen landesrechtlichen Vorschriften wegen Wegfalls der Mietbindung erloschen ist.

(5) Von dem Jahresbetrag, der sich bei einer Erhöhung auf die ortsübliche Vergleichsmiete ergäbe, sind Drittmittel im Sinne des § 559a abzuziehen, im Falle des § 559a Abs. 1 mit 11 vom Hundert des Zuschusses.

(6) Eine zum Nachteil des Mieters abweichende Vereinbarung ist unwirksam.

§ 558a BGB — Form und Begründung der Mieterhöhung

(1) Das Mieterhöhungsverlangen nach § 558 ist dem Mieter in Textform zu erklären und zu begründen.

(2) Zur Begründung kann insbesondere Bezug genommen werden auf

1.

einen Mietspiegel (§§ 558c, 558d),

2.

eine Auskunft aus einer Mietdatenbank § 558e),

3.

ein mit Gründen versehenes Gutachten eines öffentlich bestellten und vereidigten Sachverständigen,

4.

entsprechende Entgelte für einzelne vergleichbare Wohnungen; hierbei genügt die Benennung von drei Wohnungen.

(3) Enthält ein qualifizierter Mietspiegel (§ 558d Abs. 1), bei dem die Vorschrift des § 558d Abs. 2 eingehalten ist, Angaben für die Wohnung, so hat der Vermieter in seinem Mieterhöhungsverlangen diese Angaben auch dann mitzuteilen, wenn er die Mieterhöhung auf ein anderes Begründungsmittel nach Absatz 2 stützt.

(4) Bei der Bezugnahme auf einen Mietspiegel, der Spannen enthält, reicht es aus, wenn die verlangte Miete innerhalb der Spanne liegt. Ist in dem Zeitpunkt, in dem der Vermieter seine Erklärung abgibt, kein Mietspiegel vorhanden, bei dem § 558c Abs. 3 oder § 558d Abs. 2 eingehalten ist, so kann auch ein anderer, insbesondere ein veralteter Mietspiegel oder ein Mietspiegel einer vergleichbaren Gemeinde verwendet werden.

(5) Eine zum Nachteil des Mieters abweichende Vereinbarung ist unwirksam.

§ 558b BGB — Zustimmung zur Mieterhöhung

(1) Soweit der Mieter der Mieterhöhung zustimmt, schuldet er die erhöhte Miete mit Beginn des dritten Kalendermonats nach dem Zugang des Erhöhungsverlangens.

(2) Soweit der Mieter der Mieterhöhung nicht bis zum Ablauf des zweiten Kalendermonats nach dem Zugang des Verlangens zustimmt, kann der Vermieter auf Erteilung der Zustimmung klagen. Die Klage muss innerhalb von drei weiteren Monaten erhoben werden.

(3) Ist der Klage ein Erhöhungsverlangen vorausgegangen, das den Anforderungen des § 558a nicht entspricht, so kann es der Vermieter im Rechtsstreit nachholen oder die Mängel des Erhöhungsverlangens beheben. Dem Mieter steht auch in diesem Fall die Zustimmungsfrist nach Absatz 2 Satz 1 zu.

(4) Eine zum Nachteil des Mieters abweichende Vereinbarung ist unwirksam.

§ 558c BGB — Mietspiegel

(1) Ein Mietspiegel ist eine Übersicht über die ortsübliche Vergleichsmiete, soweit die Übersicht von der Gemeinde oder von Interessenvertretern der Vermieter und der Mieter gemeinsam erstellt oder anerkannt worden ist.

(2) Mietspiegel können für das Gebiet einer Gemeinde oder mehrerer Gemeinden oder für Teile von Gemeinden erstellt werden.

(3) Mietspiegel sollen im Abstand von zwei Jahren der Marktentwicklung angepasst werden.

(4) Gemeinden sollen Mietspiegel erstellen, wenn hierfür ein Bedürfnis besteht und dies mit einem vertretbaren Aufwand möglich ist. Die Mietspiegel und ihre Änderungen sollen veröffentlicht werden.

(5) Die Bundesregierung wird ermächtigt, durch Rechtsverordnung mit Zustimmung des Bundesrates Vorschriften über den näheren Inhalt und das Verfahren zur Aufstellung und Anpassung von Mietspiegeln zu erlassen.

§ 559 BGB — Mieterhöhung bei Modernisierung

(1) Hat der Vermieter bauliche Maßnahmen durchgeführt, die den Gebrauchswert der Mietsache nachhaltig erhöhen, die allgemeinen Wohnverhältnisse auf Dauer verbessern oder nachhaltig Einsparungen von Energie oder Wasser bewirken (Modernisierung), oder hat er andere bauliche Maßnahmen auf Grund von Umständen durchgeführt, die er nicht zu vertreten hat, so kann er die jährliche Miete um 11 vom Hundert der für die Wohnung aufgewendeten Kosten erhöhen.

(2) Sind die baulichen Maßnahmen für mehrere Wohnungen durchgeführt worden, so sind die Kosten angemessen auf die einzelnen Wohnungen aufzuteilen.

(3) Eine zum Nachteil des Mieters abweichende Vereinbarung ist unwirksam.

§ 559a BGB - Anrechnung von Drittmitteln

(1) Kosten, die vom Mieter oder für diesen von einem Dritten übernommen oder die mit Zuschüssen aus öffentlichen Haushalten gedeckt werden, gehören nicht zu den aufgewendeten Kosten im Sinne des § 559.

(2) Werden die Kosten für die baulichen Maßnahmen ganz oder teilweise durch zinsverbilligte oder zinslose Darlehen aus öffentlichen Haushalten gedeckt, so verringert sich der Erhöhungsbetrag nach § 559 um den Jahresbetrag der Zinsermäßigung. Dieser wird errechnet aus dem Unterschied zwischen dem ermäßigten Zinssatz und dem marktüblichen Zinssatz für den Ursprungsbetrag des Darlehens. Maßgebend ist der marktübliche Zinssatz für erstrangige Hypotheken zum Zeitpunkt der Beendigung der Maßnahmen. Werden Zuschüsse oder Darlehen zur Deckung von laufenden Aufwendungen gewährt,

so verringert sich der Erhöhungsbetrag um den Jahresbetrag des Zuschusses oder Darlehens.

(3) Ein Mieterdarlehen, eine Mietvorauszahlung oder eine von einem Dritten für den Mieter erbrachte Leistung für die baulichen Maßnahmen stehen einem Darlehen aus öffentlichen Haushalten gleich. Mittel der Finanzierungsinstitute des Bundes oder eines Landes gelten als Mittel aus öffentlichen Haushalten.

(4) Kann nicht festgestellt werden, in welcher Höhe Zuschüsse oder Darlehen für die einzelnen Wohnungen gewährt worden sind, so sind sie nach dem Verhältnis der für die einzelnen Wohnungen aufgewendeten Kosten aufzuteilen.

(5) Eine zum Nachteil des Mieters abweichende Vereinbarung ist unwirksam.

§ 559b BGB — Geltendmachung der Erhöhung, Wirkung der Erhöhungserklärung

(1) Die Mieterhöhung nach § 559 ist dem Mieter in Textform zu erklären. Die Erklärung ist nur wirksam, wenn in ihr die Erhöhung auf Grund der entstandenen Kosten berechnet und entsprechend den Voraussetzungen der §§ 559 und 559a erläutert wird.

(2) Der Mieter schuldet die erhöhte Miete mit Beginn des dritten Monats nach dem Zugang der Erklärung. Die Frist verlängert sich um sechs Monate, wenn der Vermieter dem Mieter die zu erwartende Erhöhung der Miete nicht nach § 554 Abs. 3 Satz 1 mitgeteilt hat oder wenn die tatsächliche Mieterhöhung mehr als 10 vom Hundert höher ist als die mitgeteilte.

(3) Eine zum Nachteil des Mieters abweichende Vereinbarung ist unwirksam.

§ 560 BGB — Veränderungen von Betriebskosten

(1) Bei einer Betriebskostenpauschale ist der Vermieter berechtigt, Erhöhungen der Betriebskosten durch Erklärung in Textform anteilig auf den Mieter umzulegen, soweit dies im Mietvertrag vereinbart ist. Die Erklärung ist nur wirksam, wenn in ihr der Grund für die Umlage bezeichnet und erläutert wird.

(2) Der Mieter schuldet den auf ihn entfallenden Teil der Umlage mit Beginn des auf die Erklärung folgenden übernächsten Monats. Soweit die Erklärung darauf beruht, dass sich die Betriebskosten rückwirkend erhöht haben, wirkt sie auf den

Zeitpunkt der Erhöhung der Betriebskosten, höchstens jedoch auf den Beginn des der Erklärung vorausgehenden Kalenderjahres zurück, sofern der Vermieter die Erklärung innerhalb von drei Monaten nach Kenntnis von der Erhöhung abgibt.

(3) Ermäßigen sich die Betriebskosten, so ist eine Betriebskostenpauschale vom Zeitpunkt der Ermäßigung an entsprechend herabzusetzen. Die Ermäßigung ist dem Mieter unverzüglich mitzuteilen.

(4) Sind Betriebskostenvorauszahlungen vereinbart worden, so kann jede Vertragspartei nach einer Abrechnung durch Erklärung in Textform eine Anpassung auf eine angemessene Höhe vornehmen.

(5) Bei Veränderungen von Betriebskosten ist der Grundsatz der Wirtschaftlichkeit zu beachten.

(6) Eine zum Nachteil des Mieters abweichende Vereinbarung ist unwirksam.

§ 561 BGB — Sonderkündigungsrecht des Mieters nach Mieterhöhung

(1) Macht der Vermieter eine Mieterhöhung nach § 558 oder § 559 geltend, so kann der Mieter bis zum Ablauf des zweiten Monats nach dem Zugang der Erklärung des Vermieters das Mietverhältnis außerordentlich zum Ablauf des übernächsten Monats kündigen. Kündigt der Mieter, so tritt die Mieterhöhung nicht ein.

(2) Eine zum Nachteil des Mieters abweichende Vereinbarung ist unwirksam.

§ 578 BGB — Mietverhältnisse über Grundstücke und Räume

(1) Auf Mietverhältnisse über Grundstücke sind die Vorschriften der §§ 550, 562 bis 562d, 566 bis 567b sowie 570 entsprechend anzuwenden.

(2) Auf Mietverhältnisse über Räume, die keine Wohnräume sind, sind die in Absatz 1 genannten Vorschriften sowie § 552 Abs. 1, § 554 Abs. 1 bis 4 und § 569 Abs. 2 entsprechend anzuwenden. Sind die Räume zum Aufenthalt von Menschen bestimmt, so gilt außerdem § 569 Abs. 1 entsprechend.

§ 580a BGB — Kündigungsfristen

(1) Bei einem Mietverhältnis über Grundstücke, über Räume, die keine Geschäftsräume sind, oder über im Schiffsregister eingetragene Schiffe ist die ordentliche Kündigung zulässig,

1.

wenn die Miete nach Tagen bemessen ist, an jedem Tag zum Ablauf des folgenden Tages;

2.

wenn die Miete nach Wochen bemessen ist, spätestens am ersten Werktag einer Woche zum Ablauf des folgenden Sonnabends;

3.

wenn die Miete nach Monaten oder längeren Zeitabschnitten bemessen ist, spätestens am dritten Werktag eines Kalendermonats zum Ablauf des übernächsten Monats, bei einem Mietverhältnis über gewerblich genutzte unbebaute Grundstücke oder im Schiffsregister eingetragene Schiffe jedoch nur zum Ablauf eines Kalendervierteljahrs.

(2) Bei einem Mietverhältnis über Geschäftsräume ist die ordentliche Kündigung spätestens am dritten Werktag eines Kalendervierteljahres zum Ablauf des nächsten Kalendervierteljahrs zulässig.

(3) Bei einem Mietverhältnis über bewegliche Sachen ist die ordentliche Kündigung zulässig,

1.

wenn die Miete nach Tagen bemessen ist, an jedem Tag zum Ablauf des folgenden Tages;

2.

wenn die Miete nach längeren Zeitabschnitten bemessen ist, spätestens am dritten Tag vor dem Tag, mit dessen Ablauf das Mietverhältnis enden soll.

(4) Absatz 1 Nr. 3, Absatz 2 und 3 Nr. 2 sind auch anzuwenden, wenn ein Mietverhältnis außerordentlich mit der gesetzlichen Frist gekündigt werden kann.

Index

Rechtsprechung Mietrecht - Praxisrelevante Entscheidungen des BGH

Rechtsprechung Mietrecht - Praxisrelevante Entscheidungen des BGH